REFLEXIONS PHILOSOPHIQUES

MAXIMES, PRIÈRES, PROJETS

DE

Mᵐᵉ PALM-THIERRÉ

DE 1832 A 1870

Les idées germent dans l'air comme
le grain de blé germe dans la terre.

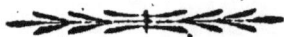

COULOMMIERS

IMPRIMERIE PAUL BRODARD

--

1901

RÉFLEXIONS PHILOSOPHIQUES

MAXIMES, PRIÈRES, PROJETS

DE

Mme PALM-THIERRÉ

DE 1832 A 1870

RÉFLEXIONS PHILOSOPHIQUES

MAXIMES, PRIÈRES, PROJETS

DE

Mᵐᵉ PALM-THIERRÉ

DE 1832 A 1870

Les idées germent dans l'air comme
le grain de blé germe dans la terre.

—————→✦←—————

COULOMMIERS

IMPRIMÉRIE PAUL BRODARD

—

1901

Si je mourais avant que ce travail soit terminé, je désire que ma fille Raymonde Thierré s'en charge et le dépose à la Bibliothèque impériale avec mes projets d'humanité.

P.-T.

PRÉFACE A MES PROJETS

J'ai écrit ces projets d'humanité, et aussi un manuscrit de réflexions philosophiques depuis 1832. Je les ai écrits avec beaucoup de difficultés, par rapport à des occupations actives forcées. Je les ai écrits et récrits peut-être cinquante fois, et je les ai adressés à tous ceux qui m'inspiraient confiance. Longtemps je les ai écrits anonymement, parce que le manque d'instruction était pour moi un épouvantail; mais, voyant germer quelques-unes de mes idées, cela m'a donné un peu d'assurance; et puis Béranger m'a dit : les idées n'ont pas d'orthographe; et puis moi, je me suis dit : je donne mes idées comme Dieu me les donne, et je crois entendre sa voix me dire : courage, cherche, tu trouveras.

Mon Dieu, soutenez mon courage, car l'âge m'arrive et la force me manque; j'ai apporté une à une des pierres pour faire un édifice à l'huma-

nité ; cet édifice doit être le ministère de l'humanité, organisateur des intérêts généraux. Ce
ministère seul peut résoudre le problème de la
destruction de la misère dans ses principales
sources. Mon Dieu, faites-moi la grâce de le voir
s'élever ; je vais encore récrire une fois ce manuscrit, car quand je l'adresse on ne me le rend presque jamais. Voilà déjà bien des fois que je le
récris en disant : c'est la dernière fois, et comme
je ne voudrais pas qu'il soit perdu, le destinant à
la Bibliothèque, encore une fois je reprends courage.

27 août 1870.

F. PALM-THIERRÉ.

RÉFLEXIONS PHILOSOPHIQUES

MAXIMES. — PRIÈRES. — PROJETS

PROJET D'HUMANITÉ

POUR LA DESTRUCTION
DE LA MISÈRE DANS SES PRINCIPALES SOURCES

Mon Dieu, venez à mon aide, prenez pitié de la
partie de l'espèce humaine condamnée, en naissant,
à la misère. Le premier remède à cette plaie qui gangrène la société, c'est l'organisation. J'ai cherché à
toutes les minutes de ma vie comment établir l'organisation sans désorganiser ce qui est établi ; je crois
l'avoir trouvé et par des essais faciles : je voudrais que
l'ouvrier soit plus payé, ce qui ne ferait pas grand
tort à la fortune des riches, car il en faut ; et je ne
voudrais d'aucun moyen qui puisse leur faire du tort ;
les fortunes sont utiles pour soutenir avec honneur
les premiers rangs ; on pourrait même, en organisant
sa dépense, ne pas s'apercevoir de l'élévation de la
main d'œuvre. Ce qu'il faut dans toutes les positions,
c'est de l'ordre et des dépenses bien entendues et
utiles, chacun dans sa position ; le commerce n'en
irait que moins bien si l'argent était toujours employé

utilement. Le luxe, les arts, les travaux largement. Le
luxe, sans excès, sans confusion, occuperait moins de
monde et en laisserait davantage à l'agriculture,
source de richesse. Et puis faire reposer les vieux,
les infirmes, voilà mon but; il doit être le but de
l'humanité.

L'agriculture étant la source des richesses, doit être
aussi celle du bien-être pour tous; il faut donc autant
que possible diriger les bras de ce côté, et détourner
cette armée de domestiques qui font escorte au luxe. En
les laissant aux campagnes, on leur donnerait le bien-
être; il n'y a point assez d'hommes à l'agriculture; il
y a à cette étude plus d'humanité et plus d'heureux
résultats à obtenir que les réflexions de beaucoup
de gens qui disent. Il nous faudrait la guerre, il y a
trop de monde; et remarquez que l'on se plaint de
la population de la France; qui est au-dessous
d'autres nation; est-ce donc que l'on voudrait beaucoup d'enfants pour avoir beaucoup d'hommes à faire
tuer à vingt ans? Oh! horreur! avec ce que coûte la
guerre, on pourrait soutenir beaucoup de vieillards,
et encourager la culture. La guerre détruit la jeunesse, la force du pays, et laisse vivre les vieux et
les infirmes.

La guerre ne devrait être qu'un moyen de défense
bien entendu. La guerre pour avoir la paix, la guerre
pour l'organisation, mais les haines nationales,
pourquoi? Un même ciel nous couvre, une même
nature nous nourrit, un même Dieu nous régit. Les
guerres de religion ont toujours tort, Dieu n'a pas
besoin de nous pour se défendre; nous pratiquons
celle qu'on nous a enseignée; celle qui a le plus de
tolérance est la meilleure. Priez et Dieu jugera. La

tolérance, l'indulgence, l'humanité doivent être de toutes les religions et de tous les pays.

L'humanité devrait-être la religion de conscience s'appliquant à toutes les religions. On ne devrait combattre au nom de Dieu que la misère. J'élève ma voix, moi, femme obscure; entendez-moi, vous qui avez frémi à l'aspect de la misère; je place l'échelle mais je ne puis y monter, ma position me lie en bas.

La nature généreuse pour tous réprouve la misère et nous commande de donner aux autres ce que nous savons avoir besoin pour nous. On ne le peut pas personnellement, mais l'organisation doit le faire. Avant d'abolir la mendicité, il faut donner du pain à ceux qui en manquent, ou ne pas empêcher les autres d'en donner. Sans doute la mendicité a des abus, mais dans deux maux il faut choisir le moindre. Si un père de famille manque d'ouvrage, ou tombe malade, ou est blessé, la femme, les enfants restent sans ressources. La mendicité devrait être organisée comme toute autre chose, non pas seulement par des secours à domicile, toujours insuffisants, et toujours soumis aux caprices ou aux sympathies de croyance. Il devrait être délivré aux préfectures des permis temporaires de mendicité pour les grandes calamités. La charité, cette vertu recommandée par Jésus-Christ ne serait pas étouffée par la méfiance; les pressants besoins seraient soulagés immédiatement, ce qui n'empêcherait pas les dames de charité de continuer leur service honorifique. Tout homme de cœur, ayant du pouvoir, devrait assurer la nourriture de ses semblables : c'est la loi la plus impérieuse de Dieu, et sa fille, la nature, donne grandement ce qui est nécessaire; laisser perdre viandes, légumes ou fruits, c'est insulter Dieu et la nature. Le peuple a besoin de forces, puisqu'il doit remplir sa vie par le travail manuel, souvent au-dessus de ses forces.

On cherche la cause de l'affaiblissement de la race humaine : elle a une cause dans les révolutions, dans les guerres ; mais sa principale source, c'est la misère, la mauvaise nourriture des enfants, les enfants mal en nourrice. Ils sont surveillés, dit-on ; oui, mais par des gens qui ne surveillent pas.

Si j'avais du pouvoir au gouvernement, tous les grands personnages auraient à travailler. Les titres et les honneurs seraient à ce prix ; les hommes comme les femmes y auraient droit. Je leur donnerais des occupations qui les garantiraient de l'ennui, du désœuvrement ; tous pour tous ; à chacun selon sa capacité et le possible. Je voudrais qu'ils voient de près l'odieuse misère dont ils ignorent le tableau, tableau si affreux qu'il leur inspire souvent du mépris. Et, quel est son crime au malheureux, d'être né dans une classe qu'il ne s'est assurément pas choisie ?

Tout le monde ne peut être riche ; il faut des travailleurs, mais il n'y a pas besoin de misérables, la nature, généreuse pour tous, le réprouve. Si les dames étaient chargées de ces hautes fonctions elles trouveraient dans leur cœur beaucoup de ressources. Peut-être le budget qu'elles s'imposent pour la charité serait un peu dépassé, au dépens d'une ou deux robes, ceci ne nuisant en rien ni à l'artiste ni à l'ouvrier, si son œuvre était un peu plus ménagée, un peu plus payée. Il faudrait faire moins d'ouvriers, plus de cultivateurs : voilà la base de la chaîne sociale de toutes les misères. La plus affreuse est celle des enfants nés

dans la classe pauvre et les enfants mal en nourrice ;
ils n'ont ni la force physique ni la force morale
nécessaires aux besoins du peuple, car le peuple c'est
la force du pays ; à lui l'agriculture, à lui les arts, à
lui la masse des travailleurs qui élèvent les monu-
ments avec la direction de la science et du génie créateur : toujours la chaîne sociale. A lui le peuple soldat
qui ne pourrait rien sans le général, mais le génie
du général ne pourrait rien sans les forces du soldat.
Le peuple a besoin de forces dans l'intérêt de tous.
La fortune peut venir, mais la santé jamais, l'enfant
qui a pâti ne sera jamais un homme fort. Il y a des
ménages où le père est à l'hôpital ; une nombreuse
famille est là mourant de faim : l'estomac détruit les
condamnent à vivre toute leur vie dans la souffrance,
ils deviennent poitrinaires ou végétent sans force, sans
courage, faibles de corps et d'esprit. Ils traînent avec
eux la misère et les vices qu'elle entraîne. Je soutiens
que la loi qui abolit la mendicité est une loi contre
nature, contre la loi divine, contre la loi du Christ.

L'égoïste a toujours en réserve, quelques histoires
pour détruire la compassion ; il ne voit dans la misère
que le vice. Je suppose que quelques sous soient mal
donnés ; j'aime mieux cela que priver un malheureux
d'un morceau de pain. Les masses ne peuvent être
secourues que par les masses ; le gouvernement, la
charité à domicile, tout cela est insuffisant.

Le gouvernement doit aux vieux et aux infirmes
les Invalides civils ; je les placerais en Algérie, et aussi
les malades militaires. Organiser la mendicité par
permission temporaire : les enfants s'élèveraient sans
devenir une charge à l'assistance publique, par les
maladies, qui les conduisent dans les hôpitaux ; la

charité privée deviendrait possible, et les inspectrices, quand elles le trouveraient utile, autoriseraient provisoirement les grandes infortunes. C'est la misère qui est la principale source de l'affaiblissement de la race, ce n'est pas le travail, c'est le manque de nourriture dans l'enfance; et les souffrances que le pauvre en éprouve le fait l'ennemi de la société; alors aux jours de crise, il ne respecte rien; aussi les spéculateurs de révolution savent mettre à profit cette haine sourde, qui, de l'enfant, s'inocule chez l'homme et, lorsque son gain n'est pas en rapport avec les besoins du ménage, maudit le riche et le maître qui veut trop gagner.

Voilà deux camps dans la société. Si le père ou la mère d'une grande famille vient à mourir, la misère entre au logis et la charité privée ne peut suffire. Si les enfants vont mendier, ils sont pris et conduits en prison comme des malfaiteurs. Ils s'aguerrissent, et s'ils ont le plus petit mauvais penchant, ils se perdent au contact des plus endurcis. En prison pour voler, ou en prison pour mendier, c'est toujours la prison. Quand l'enfant devient homme, il rend la société responsable de sa mauvaise conduite.

Le seul remède à ce côté de la misère, c'est un ministère d'humanité, organisateur de tous les intérêts. Le mot société a ses commandements, tous les hommes ont besoin les uns des autres; le pauvre a besoin du riche, le riche a besoin du pauvre. Tous les hommes devraient s'entendre pour organiser avec humanité les besoins de l'ouvrier, et mettre le gain en rapport avec ses besoins, réservant le ministère d'humanité pour les trop nombreuses familles; mais les ouvriers, au lieu de protection, sont punis quand ils se réunissent pour demander de l'augmentation, ce qui les révolte et en fait des lions déchaînés aux révolutions. Cependant, quand on étudie le caractère de l'ouvrier, on reconnaît qu'il est facile à contenter, et qu'il éprouve de la reconnaissance pour ceux qui s'occupent de sa misère.

Une petite augmentation de salaire jugée par un arbitre donnerait un peu moins de gain à l'entrepreneur, donnerait une petite augmentation au consommateur; mais, que de crimes, que de malheurs on éviterait, car il faut être bien fort pour supporter stoïquement les horreurs de la misère, et il y a plus de natures faibles que de fortes; et puis souffrir pour soi, passe encore, mais voir souffrir les siens, c'est atroce.

Pourquoi y a-t-il peu de gens riches sur les bancs des accusés? Parce qu'il ne leur manque rien, et comme le disait un avocat, honnête et bon dans la force du terme, quel mérite ai-je à être honnête puisque j'ai de la fortune; je ne puis pas dire et nul ne peut dire ce qu'il serait, s'il manquait du nécessaire. Les riches devraient comprendre que leur devoir le plus impérieux serait de payer aussitôt les travaux terminés. Ils font attendre l'entrepreneur, qui souvent est obligé d'emprunter de l'argent à gros intérêt; il est obligé de calculer cela, puis les mortes saisons, les faillites, la concurrence, et puis le désir de faire vite sa fortune pour se retirer jeune au risque de mourir d'ennui, ce qui arrive souvent. Celui qui souffre de tout cela, c'est l'ouvrier, qui pour faire balance à son faible gain, a le manque d'ouvrage, les blessures, les maladies de lui ou des siens, les charges des père et mère. On rendrait un grand service à cette malheureuse classe, si on la débarrassait de son fardeau des vieillards, qui ne pouvant plus travailler, pas mendier, sont obligés de manger le pain déjà insuffisant du pauvre ménage et de loger dans un espace déjà trop restreint, et de partager le lit des pauvres enfants. Le père de famille voyant qu'il ne peut arriver, se dégoûte, se débauche, et advienne que pourra! C'est encore cette horrible position qui lance l'ouvrier dans les révolutions. Qu'a-t-il à perdre? La vie? Peu lui importe; il voudrait en être débarrassé. Ces misérables positions coûtent cher au gouvernement, plus cher que l'humanité organisée. Toutes les classes de la société sont dépendantes les unes des autres.

Organisons.

Je cherche depuis 1832 les moyens de détruire la misère; à toutes les minutes de ma vie j'y ai réfléchi, et plus j'écris ce manuscrit, plus j'avance en âge, plus je reste persuadée que l'œuvre peut recevoir exécution. J'ai tant adressé ce manuscrit, on me l'a si rarement rendu, qu'à force d'être lu, quelques-unes de mes idées ont germé, mais je continue quand je le récris à laisser mes projets à l'idée première. Je disais donc que si on débarrassait ceux qui sont trop chargés de famille de leur père et mère, on leur rendrait un grand service.

Organisation! toi seule peux être le grand médecin; guérissons les plaies de la société. La misère ne pourra jamais être détruite sans ce ministère, appliquant les remèdes aux souffrances de l'humanité.

Les secours en des mains diverses, souvent sans contact, sont comme un monument dont les fondations ne sont pas solides, quand on a beaucoup dépensé, bien travaillé, il s'écroule, fait de graves accidents, et qu'en reste-t-il? l'encombrement.

Création de Maisons de vieillards par petit nombre.

Il faudrait créer des maisons de vieillards en petit nombre, qu'il n'y en ait pas plus de 100 dans chaque maison; les placer dans les pays où il fait le moins cher à vivre, en Algérie, par exemple; ne pas séparer les ménages, car bien des vieillards meurent de misère, plutôt que de se séparer; créer trois genres de maisons, une pour les hommes, une pour les femmes, une pour les ménages; y être admis à soixante ans sans être obligé d'attendre son tour, car souvent ils sont morts de misère, avant d'entrer. On donne un nom de maladie quelconque, car on rougirait de dire qu'ils sont morts de faim. Eh bien, moi, si j'étais médecin, je le signalerais chaque fois que dans ma conscience je le reconnaîtrais; au moins il y aurait des actes signalant les victimes.

Création, dans nos départements, d'hôpitaux pour les maladies trop longues.

Il y a des maladies si longues que l'on renvoie des malades pas guéris pour faire place à d'autres. Est-il rien de plus inhumain? les médecins en ont honte, car ils nient cette vérité. Leur tort, c'est de ne pas le signaler, car ils n'en sont pas responsables. Ils devraient au contraire signaler cette affreuse position à la pitié publique, au gouvernement. Malades d'une maladie trop longue, les hôpitaux ne peuvent les garder; ils sont trop malades pour travailler; ils ne peuvent mourir : la religion défend de se détruire.

Est-il un malheureux plus marqué au doigt de Dieu? Non, personne ne devrait être abandonné, le gouvernement devrait être le représentant de la famille, en être le patriarche. L'organisation d'hôpitaux dans les départements serait un grand bienfait, les uns pour les maladies trop longues, les autres pour les convalescents. Toutes les maisons, soit pour les convalescents, soit pour les vieillards, ne devraient pas réunir plus de 100 personnes; elles devraient être bâties en pleine campagne; tout ce qui est nécessaire à l'alimentation devrait être fourni par la maison, le directeur devrait être médecin, et des sœurs pour le service.

Compte rendu par les autorités du pays au ministère d'organisation; lui seul peut prendre en mains les intérêts et les rendre profitables, lui seul peut détruire la misère par l'association; associer chaque corps d'état, par état, depuis le plus haut jusqu'au plus bas.

Système pénitencier.

Il est un genre de malheureux auquel il est impossible de vivre honnêtement, quand même ils le voudraient, ce sont les prisonniers libérés. Personne ne veut les employer : la misère vient, et alors le vice,

puis le crime. En leur offrant des ressources, on éviterait des malheurs, la police coûterait moins cher.
Il est très dangereux de mettre un forçat libéré en
liberté avant d'avoir preuve de bonne conduite. Le
système de l'esclavage devrait être organisé comme
pénitencier non appliqué à des malheureux qui en
naissant reçoivent cette condamnation, mais à des
criminels. En organisant l'esclavage dans des îles à
nous, tous les pays à notre exemple se débarrasseraient
de leurs criminels. Par ce système on supprimerait
l'esclavage, honte de notre siècle. Ce serait d'autant
plus juste que celui qui se conduirait bien verrait
diminuer sa peine; l'espérance (mieux que la prison
avec le contact de mauvais sujets) contribuerait à le
pousser au repentir. Quand ils seraient suffisamment
bien notés, on les verserait dans un régiment d'Algérie, et après quatre ans d'épreuve ils auraient leur
congé et rentreraient hommes dans la société. La
religion du Christ serait adorée même parmi les
pauvres, car ils verraient de loin le pardon s'ils le
méritaient. Par le système actuel le libéré ne peut ni
travailler, ni mendier; il est debout avec toute sa
haine et sans nul espoir; alors il devient très dangereux. J'aimerais voir mon projet se réaliser, même
dans l'intérêt de cette malheureuse classe; j'aimerais
mieux, dis-je, les voir condamnés à l'esclavage que
de les voir au bagne maltraités par des barbares,
plus méchants souvent que le condamné, ce qui, loin
de les rendre meilleurs, les exaspère et détruit ce qui
pourrait rester de bon en eux. Je voudrais la savoir
conduite par des militaires sévèrement, mais avec
justice; les mauvais traitements engendrent la haine,
la vengeance. Ces militaires devraient être payés

grandement en raison des services qu'ils rendraient. Ils devraient compte de leur gestion au ministère d'humanité. On vante tout haut les progrès de notre siècle; cependant la férocité reste stationnaire. La guerre, la cruauté des charretiers donnent un démenti au soi-disant progrès. On pourrait destiner à l'esclavage les condamnés à mort pour politique. Leur vie pourrait être très utile sans nuire à personne, et pour les autres condamnés, si la justice se trompe, la réparation devient facile, car la peine de mort se trouve tout naturellement abolie.

Système pour le correctionnel avec différence des pays d'exil.

Ceux reconnus pour être des mauvais sujets devraient être exclus de la société; il est inutile d'attendre le crime. Les jeunes gens passés pour la première fois en correctionnelle devraient subir leur peine dans les casernes, où il y aurait des prisons disposées à cet effet, et où il devrait y avoir des métiers de tous genres, ayant rapport aux besoins des soldats. Si à leur rentrée dans la société, il y avait récidive, ils devraient être envoyés dans nos îles, et revenir ensuite faire leur temps d'épreuve dans les casernes. J'ai éprouvé une grande pitié dans mon âme pour le nouveau système pénitentier, d'abord d'honnêtes victimes, de méchantes gens, puis la justice n'est pas infaillible.

Combien j'ai connu de natures d'élites salies par des natures de boue! Les *on-dit* font du mal par leur influence au mal; *moi*, je crois que ce sont les influences qui conduisent le monde. Combien je crains pour les natures faibles l'influence du monde ; elle est mauvaise conseillère, et arrive à son but par n'importe quel moyen.

En laissant vivre les condamnés, à la condition de leur ôter tout moyen de nuire, en utilisant toutes les existences, ceux qui sont nuisibles deviendraient utiles, et on donnerait au naturel égaré le temps de rentrer dans la bonne voie et de se réconcilier avec Dieu et avec les hommes.

En les envoyant dans les îles, avec leur famille, si elle voulait les suivre, on peuplerait ces îles désertes, qui pourraient devenir la patrie des travailleurs ; ceux qui auraient fait preuve de bonne conduite devraient être séparés des incorrigibles, toujours pour éviter les mauvaises influences. Ne peut-on reconnaître, si on ne peut l'expliquer, qu'il y a là mystère de Dieu, peut-être punition d'une autre faute d'une autre existence, d'être renvoyé ici pour expier, car si nous apportons le péché en naissant, Dieu nous donne aussi la volonté et la conscience pour nous guider et nous mener à une vie meilleure.

Avant de finir ce chapitre, j'adresse à Dieu une prière : celle de voir combler les cachots afin que l'échelle sociale ne puisse plus y descendre ; que l'on mette les coupables dans l'impossibilité de nuire, c'est le devoir du législateur, mais pas de condamnation barbare, ou alors le juge devient l'égal du criminel ; détruisez l'homme nuisible, comme vous détruisez une autre espèce nuisible, mais à toute existence donnée par le Créateur évitez les souffrances inutiles, et avant essayez de l'épreuve.

Faire engager de force les jeunes gens qui se mettent dans le cas d'aller en correctionnelle.

Les faire engager de force à partir de quinze ans jusqu'à vingt, ce système viendrait en aide aux familles et à l'épuration. Les diviser par petit nombre dans des régiments, ou je n'ai pas l'instinct du vrai, ou ce moyen ferait faire un grand pas à la civilisation par la destruction du vice qui leur est inoculé par le mauvais entourage. Pour ces jeunes gens seulement, l'engagement serait sans récompense.

Le temps passé dans l'état militaire, sous la surveillance de chefs exigeants, instruction, ordre, travail, propreté, soumission, tout cela joint au pain de chaque jour, voilà qui redresserait mieux les mauvais penchants que les punitions. Libres dans la société, ils en sont le fléau ; ils n'ont d'autre maître que le tribunal qui les condamne et la prison qui les perd, si toutefois on n'a pas la barbarie de les condamner à la prison cellulaire, qui détruit le moral et ne laisse que la haine. Au sortir de l'enfance, les jeunes gens sont braves par fanfaronnade; utilisez leur bravoure.

Après bien des années de réflexion, je reste de plus en plus persuadée que l'on rendrait un immense service à la société, et à la famille en particulier, où souvent les garçons font le désespoir de quinze à vingt ans. Pour le jeune homme c'est l'âge où le caractère se développe et qui décide de la vie. Le Gouvernement ne pourrait qu'y gagner militairement parlant, en faisant soldats ces caractères indomp-

tables dans la famille, mais risque-tout et bons soldats sous la main de fer de chefs sévères, mais forcés
d'être justes par la surveillance hiérarchique. Ces
jeunes soldats pourraient être utiles à la caserne,
tandis qu'ils deviennent de plus en plus nuisibles
dans les prisons, et qu'ils soient prisonniers ou soldats, le gouvernement les nourrit quand même.

Engagement volontaire pour deux ans jusqu'à cinquante ans

Il faudrait recevoir les engagements volontaires à
partir de quinze ans jusqu'à trente. Après trente ans
les engagés ne pourraient plus contracter un engagement, mais engagés avant trente ans, ils pourraient le continuer de deux ans en deux ans jusqu'à
cinquante ans. Bien des hommes se feraient un état
du métier militaire, s'il y avait avantage pour
l'avenir. Il faudrait qu'il y ait dans toutes les casernes
des métiers utiles aux militaires et que tout soldat
travaille aux heures où il n'a pas de service. Il
aurait une petite rétribution, ce qui lui donnerait
un peu de bien-être; il aurait un état s'il rentrait
dans le civil, et ne perdrait plus l'habitude du travail. Si, au contraire, il voulait rester soldat, lui
donner des avantages en assurant l'avenir, soit les
Invalides ou des terrains en Algérie, ou une pension à laquelle il aurait droit à cinquante ans s'il
devenait infirme.

Abolir qu'un homme se vende.

Tout homme à l'âge de vingt ans doit le service à
son pays, excepté les infirmes, les soutiens, etc. Le

service devrait être fixé à deux ans. Celui qui ne voudrait pas être soldat devrait déposer 300 francs à une caisse instituée au ministère de la guerre. Cette caisse prendrait le titre de Caisse des pères de famille pour les militaires. L'argent déposé servirait dans l'état militaire; de cette façon tout homme servirait son pays avec justice et vivrait selon ses goûts.

La conscription n'est qu'un jeu de hasard; je voudrais la voir abolir.

La conscription est une des plaies les plus profondes de la société, c'est une gangrène. La misère vivra tant que la conscription existera. Pourquoi le hasard dans un devoir? Tout homme se doit à son pays; c'est le même résultat physiquement, mais moralement qu'il se donne ou se fasse représenter, mon projet a l'avantage, car tout homme n'est pas soldat par goût ni par caractère; avec 300 francs un jeune homme paisible peut rester chez lui, travailler dans l'intérêt de tous. Si la conscription qui l'atteint enlève souvent un soutien à la famille, surtout dans les campagnes, avec la modique somme de 300 francs il resterait au village; on ne dépeuplerait pas nos campagnes de ses meilleurs cultivateurs; l'agriculture y gagnerait. Seraient soldats ceux qui aiment la vie active, aventurière. Puis souvent il arrive que le conscrit qui a quitté le village avec beaucoup de chagrin, quand il a fini son temps, ne veut plus retourner au pays. La terre est trop basse, il en a perdu l'habitude; c'est ainsi que se dépeuplent nos campagnes, s'encombrent nos villes, que les administrations sont insuffisantes pour recueillir les anciens militaires; enfin la conscription fait une foule de déclassés, d'hommes sans ressources qui doivent chercher à se refaire une nouvelle existence, ce qui n'arriverait pas si on ne les forçait pas à quitter la culture.

Je crois qu'il n'est pas nécessaire de faire un long stage sous les drapeaux pour être bon soldat. Ce qu'il faut, c'est du courage, de l'entrain, et surtout de bons chefs. Napoléon Ier en est la preuve; avec de jeunes recrues, il remportait des victoires. En 1848, la garde mobile aidée de la garde nationale a rétabli l'ordre et a fait des prodiges de valeur. Si on les avait éloignés, au lieu d'ordre ils auraient fait du désordre; donc, utilisez les jeunes imaginations.

Il y aurait bien assez de soldats, si on acceptait les engagements; ajoutez à ceux-là les engagés volontaires depuis quinze ans, renouvelés de deux ans en deux ans jusqu'à cinquante; ajoutez à ceux-là les engagés forcément qui seraient répartis par petit nombre dans les régiments, où ils devraient faire les corvées, puis ceux qui ne pourraient verser les 300 francs.

Sur la caisse dite des pères de famille, on devrait prélever des fonds pour augmenter la solde des chefs qui auraient sous leurs ordres les jeunes indisciplinés; on reconnaîtrait par là le service qu'ils rendraient à la société, en formant et redressant les jeunes gens. On fixerait à deux ans l'obligation du service pour les engagés; au bout de deux ans, une somme de 200 francs leur serait versée avec leur congé. S'il voulaient renouveler pour deux autres années, ils recevraient pour quatre ans 500 francs; mais à chaque renouvellement l'argent resterait à la caisse des pères de famille; après six années de service,

1000 francs; au bout de huit ans sans interruption, 1500 francs et des terrains en Algérie s'ils voulaient y aller. Celui qui aurait servi jusqu'à cinquante ans sans interruption aurait droit aux Invalides que je placerais en Algérie, ou soit dans chaque département; il aurait droit à une rente viagère de 200 francs; s'il n'acceptait pas les Invalides, il aurait une rente viagère de 800 francs.

Que de gens se feraient un état du métier militaire! On aurait plus de vieux soldats que par le système établi; état utile, honorable, à la portée de toutes les éducations. J'ai parlé de soldats, mais il y a des intelligences qui sortent des rangs pour faire des chefs; ce n'est pas moi qui puis tracer le tableau de la solde, ni des récompenses, ni de la retraite.

Je parle du soldat par goût; telle serait notre armée, servant de guide aux uns, de maître aux autres. Notre armée serait protectrice de la société, défenseur de la patrie, protectrice des arts en laissant les artistes chez eux, protectrice des ouvriers paisibles en les laissant à leurs travaux, protectrice de l'agriculture en ne lui enlevant pas la fleur des champs. L'agriculture est la source de toutes les richesses, lui enlever les bras est une insulte à la nature si généreuse pour nous. La garde nationale de chaque ville, de chaque canton devrait faire faire l'exercice à tous les petits garçons à partir de douze ans; s'il y avait une guerre (bien grand malheur), tout serait prêt.

Ces exercices développeraient le goût militaire à ceux qui le possèdent; et on utiliserait le temps souvent mal employé de la jeunesse. Bien entendu qu'il y aurait liberté pour les maîtres, comme pour les élèves, mais une récompense serait accordée à ceux qui voudraient rendre ce service à la patrie.

Par ce projet, toutes les carrières ne se trouveraient pas brisées. C'est avec l'organisation seule que l'on peut combattre la misère et l'émeute. La misère est l'arme de l'intrigant et de l'ambitieux.

Dans les villes où il y a des casernes de cavalerie, on pourrait faire donner par les soldats des leçons d'équitation aux petits garçons. Les soldats chargés de cette école en recevraient leur récompense. Je voudrais que tous les militaires soient traités largement. Je ne comprends pas qu'un chef militaire soit moins payé qu'un fonctionnaire civil. Ceux-ci trouvent meubles, linge, vaisselle. Je veux bien de cet avantage au civil, mais je voudrais la même faveur aux chefs militaires.

Ils sont obligés de se loger en appartement garni. S'ils sont mariés, il faut traîner tout un matériel. Pourquoi ne trouvent-ils pas dans la résidence tout ce qui est nécessaire au ménage, comme le civil le trouve, lui, qui ne voyage pas, et qui le plus souvent a son ménage? Je voudrais que le civil soit plus payé, mais qu'il se fournisse de meubles, de linge, de bois surtout, car comme il ne le paie pas, on le gâche. Je voudrais beaucoup d'avantages à l'état militaire afin de diriger les hommes de ce côté.

Pénitencier militaire. Les militaires qui passeraient en Conseil de guerre. Les militaires duellistes.

Au lieu de condamner à mort un homme qui n'a d'autre tort qu'un mouvement de colère souvent

provoqué par l'insolence ou la brutalité d'un chef,
qui oublie qu'il a un homme devant lui, je voudrais
les voir conserver leur grade pour commander aux
condamnés à l'esclavage. De même les duellistes qui
doivent leur vie à leur pays et non à leur personnalité ; par l'exil, ils seraient plus punis que par la condamnation à mort, car le militaire est habitué à
jouer avec sa vie. La punition de l'exil serait peut-
être dure pour lui ; elle serait assurément plus utile et
plus humaine et moins désespérante pour les familles,
auxquelles dans ces circonstances on doit quelque
pitié.

Maisons de refuge et d'asile.

Il faudrait établir des maisons de refuge et d'asile
pour les ouvriers momentanément sans ouvrage.
Souvent un homme se vend faute de ressources de
quelques jours, car il faut manger ; c'est une loi de la
nature à laquelle il faudrait faire plus de droit. Que
d'existences perdues pour un jour d'estomac vide,
que de souffrances inimaginables, que de luttes entre
la vertu et le vice !

Le vol et le crime, pour ne pas avoir eu la force de
mourir de faim. Il faut manger tous les jours ; tout
le monde peut se rendre compte de la position de
celui auquel tout manque, de ces pauvres enfants qui
disent : « J'ai faim ! » On pourrait faire là-dessus un
beau discours, mais il est plus facile d'en faire un pour
abolir le mendicité. Celui qui a bien déjeuné peut
parler avec beaucoup de verve de la dignité du pays.
Moi, j'aime mieux m'en rapporter au proverbe qui
dit : Ventre affamé n'a pas d'oreilles, et puis j'aime

mieux donner quelques sous, ce qui me donne de la
satisfaction pour mon argent; je me persuade que
j'ai aidé au repas d'un malheureux qui a faim et ne
peut pas attendre que la charité à domicile ait décidé si
oui ou non il faut le secourir. Donnons; le peu que
nous donnons peut quelquefois éviter de grands
malheurs.

Il faut toujours commencer par le commencement;
l'abolition de la mendicité, c'est la fin. L'abolition de
la mendicité est l'œuvre d'hommes ne connaissant
pas la misère. La charité est commandée par notre
religion. N'empêchez pas un enfant de donner son
petit sou; cela lui formera le cœur.

Dans ma conviction, l'intérêt des pauvres comme
des riches, est que personne ne soit abandonné. La
destruction de la misère doit être l'œuvre des gouvernements, chacun lui venant en aide. Je voudrais
deux maisons de refuge, une d'hommes, une de
femmes, et une troisième tout près, un asile pour les
enfants, dans chaque quartier des villes et dans
chaque commune. Dans ces maisons de refuge des
villes, on travaillerait pour tout ce qui est nécessaire
aux maisons à la charge du gouvernement. De
jeunes invalides pourraient en être les chefs sous la
surveillance de sœurs de charité. On pourrait encore
donner ces travaux à des entrepreneurs qui seraient
chargés de les placer. Les personnes venues au refuge
ne seraient pas payées, mais nourries sans vin. La
maison d'asile serait aussi à la charge du gouvernement. Dans les maisons de refuge, une soupe à midi
devrait être donnée à qui viendrait la demander : il
devrait aussi y avoir un médecin à une heure fixe, et
un pharmacien pour les maladies légères, çar l'hu-

manité a encore bien à réclamer pour le temps précieux que les médecins font perdre aux ouvriers et
principalement aux mères de famille, qui sont obligées de laisser leurs enfants seuls pour aller à la con-
sultation des hôpitaux ; il faut souvent retourner bien
des fois avant d'être admis. Les maisons de refuge
seraient un des bons moyens de détruire la misère et
le vice ; car, je le répète, le vice souvent, est engen-
dré par la misère et la maison de refuge offrant une
ressource immédiate rendra de grands services. On
dit : « L'ouvrier devrait économiser pour les jours de
chômage ; qu'il place à la caisse d'épargne. »

Mais en général il ne gagne pas assez pour les
besoins journaliers quand il a plusieurs enfants. Oui,
la caisse d'épargne est utile à quelques-uns ; aux
domestiques par exemple : ils n'ont pas de frais de
maison, alors ils peuvent placer ce qu'ils gagnent,
pour le cas où ils seraient sans place ou pour leurs
vieux jours. Mais l'ouvrier, il lui faut la protection
patriarcale du gouvernement! Il faudrait qu'il soit
prélevé cinq centimes sur chaque paie d'ouvrier
par semaine, un franc par mois donné par les entrepreneurs et commerçants. Ces sommes seraient prélevées par le ministère d'humanité, organisateur de
tous les intérêts, et serviraient à établir des maisons
de vieillards, de refuge, d'asile, toujours ouvertes
aux besoins. Il faudrait aussi que le gouvernement
fasse des pensions à tous les employés et qu'il impose
aux grandes entreprises privilégiées de faire des
pensions à leur personnel ; les sommes prélevées à
cet effet seraient versées au ministère d'humanité et
ce service prendrait nom de :

Caisse d'employés d'entreprises privilégiées.

Cette caisse, installée au ministère d'humanité, servirait à faire des pensions à ceux qui aident les grands entrepreneurs à faire leur fortune, comptant toujours sur la misère pour payer l'ouvrier le moins possible.

C'est pourquoi je voudrais les grandes entreprises entre les mains du gouvernement, qui devrait être le rouage de tous les intérêts, le père de famille du peuple, donnant des pensions aux uns, admettant les autres dans ses maisons de vieillards; en créer davantage pour pouvoir y être admis à soixante ans, sans attendre son tour, qui souvent arrive trop tard. Il faudrait laisser les jeunes gens à leur état, à leur famille, quand ils veulent payer les 300 francs pour exemption : il faudrait les engagements volontaires pour deux ans et que les jeunes gens condamnés en police correctionnelle soient enrégimentés pour servir les soldats. Engager de force les criminels, les condamner à l'esclavage. Que l'éducation des enfants soit dirigée par le gouvernement, voilà, je crois, la base de l'édifice humanitaire.

Apprendre aux enfants à aimer Dieu, sous n'importe quelle religion. Dieu est le maître, et c'est lui, toujours lui qu'on doit apprendre aux enfants à adorer. La prière monte au ciel conduite par l'âme, par la pensée, par la confiance; elle console, donne du courage. C'est un sens divin qui communique avec Dieu. La religion de la conscience me paraît être la meilleure, car elle les réunit toutes.

Apprendre aux enfants à ne pas faire souffrir les

animaux. Sans doute, il faut détruire ceux qui sont nuisibles, et ceux qui sont destinés à notre nourriture, mais les faire souffrir, c'est inutile, c'est barbare. Il faut détruire les animaux par nécessité et non par plaisir ; chercher les moyens les plus expéditifs de même qu'un soldat qui tue beaucoup d'hommes dans un combat en exposant sa vie est brave, de même s'il tue en dehors du combat il est assassin. Beaucoup s'excusent de leur méchanceté en disant : « Les animaux n'ont pas d'âme à sauver. » Qu'en savent-ils ? Dieu est-il venu leur dire de quelle essence il avait formé chaque race, Dieu pense je crois, que nous devons nous contenter de reconnaître le soin qu'il a apporté à chaque existence afin qu'une espèce puisse en nourrir une autre. Mais dans son orgueil l'homme dit : « Toutes ces espèces ont été créées pour moi. » Mais le lion aurait le droit de dire : « L'homme a été créé pour ma nourriture. » enfin, mystère ! Je n'ai pas la prétention de l'expliquer, mais je puis dire : je crois que chaque espèce, chaque plante reçoit un air particulier, et une âme particulière. Les animaux s'entendent entre eux, et nous, quand nous ne parlons pas la même langue, nous ne nous comprenons pas. On refuse le raisonnement aux animaux ; j'ai eu des chiens que j'aimais beaucoup ; je ne pouvais avoir de chagrin sans qu'ils s'en aperçoivent ; donc, ils raisonnaient avec tout autant de cœur et peut être plus que les meilleurs amis. Dans ma conviction, les souffrances ne se perdent pas et retombent par la volonté de Dieu en fléaux. Ne soyons donc pas méchants.

La nature est conduite par Dieu ; tout parle dans la nature : je crois que chaque espèce, chaque plante, reçoit un air particulier formant vie avec la nature. La preuve c'est qu'une épidémie atteint une espèce et pas l'autre. Nier l'âme, c'est nier la vie, c'est nier le souffle, la pensée de tout ce qui respire; nier l'âme c'est nier le mécanisme de tout ce qui respire. Je ne crois pas que l'âme des animaux ira habiter le même ciel que nous. D'abord, avant d'aller habiter ce ciel divin, promis au juste, n'y a-t-il pas d'autre monde? car nous ne pouvons nier l'imperfection du nôtre. Chacun est content de soi et personne n'est content de tous. On martyrise des animaux, on dit qu'ils n'ont pas d'âme, mais on nie presque l'âme du nègre. On dit que le siècle marche, oui, mais la cruauté reste stationnaire. L'esclavage, honte de ce siècle existe encore. On fait trophée d'humanité et la cruelle guerre existe encore. Je voudrais que les pauvres chevaux puissent dire ce qu'ils pensent de l'humanité : ils doivent penser que nous sommes des diables et qu'ils sont dans l'enfer. Oh oui ! c'est bien l'enfer pour eux. La nature parle et moi j'écoute, je crois que notre monde est pour notre espèce un monde d'épreuves; tâchons que notre passage sur cette terre soit marqué par quelque chose d'utile et de bienfaisant.

Maisons de refuge dans les départements.

Dans les maisons de refuge, les femmes fileraient le lin, les hommes tisseraient la toile, d'autres feraient des outils pour l'agriculture. Les maisons qui seraient dans les villes où il y aurait garnison devraient avoir pour dépendance des terrains où seraient cultivés le lin, le chanvre et les légumes nécessaires à l'alimentation des maisons de refuge et pour les militaires en garnison. Ces maisons seraient sous la surveillance des militaires et la bienfaisante administration des sœurs.

Les travailleurs civils ou militaires recevraient une petite solde pas forte pour ne pas attirer le civil, et le peu qu'aurait le militaire augmenterait sa solde de soldat. Il devrait y avoir, attachés à la maison, _ deux hommes qui iraient avec une voiture à bras ayant une sonnette pour prévenir ceux qui voudraient donner les restes, afin de venir en aide à l'œuvre ; avec ce qui est perdu, personne n'aurait faim. Beaucoup de personnes perdent de la nourriture, ne sachant à qui la donner : un peu d'un côté, un peu de l'autre, le tout réuni aiderait à vivre bien les familles d'ouvriers et leur ferait attendre à retrouver de l'ouvrage... Organisation, toi seule tu peux être le grand médecin de la société. Ministère d'humanité, seul remède. La charité à domicile sera toujours insuffisante par manque de confiance des uns, indifférence des autres, et puis l'orgueil de ne pouvoir.

Balayage des rues de Paris la nuit.

Ce qui pourrait encore aider à détruire la misère, c'est le balayage des rues la nuit ; par ce moyen on établirait la circulation à toute heure de la nuit sans danger et ceux-là mêmes qui sont dangereux à rencontrer seraient votre sauvegarde. Je me suis fait un devoir d'adresser ce projet, aussitôt l'idée venue, à monsieur le préfet de police, il y a bien des années, et bien que ce projet soit facile on ne l'a pas mis en pratique.

Je commencerais le balayage à onze heures du soir; il faudrait que chaque maison soit pourvue de grands paniers ou boîtes, où les locataires déposeraient leurs ordures. Des hommes chargés de les ramasser viendraient les prendre pour les déposer dans leur tombereau au moyen d'une petite échelle placée derrière le tombereau. Celui-ci devrait être bas, les roues hautes et l'essieu courbé, ce qui empêcherait les chevaux de tomber et d'être écrasés sous leur lourde charge.

Je voudrais qu'il soit bien défendu aux boutiquiers et portiers de jeter des ordures dehors. Le balayage se ferait d'abord au milieu des rues, ensuite sur les trottoirs; à l'ouverture des boutiques tout serait prêt et propre, un voisin ne salirait pas l'autre, les piétons ne seraient pas éclaboussés par le barbotage, qui salit plus qu'il ne nettoie. Les fontaines couleraient la nuit; étant bien lavées les rues seraient propres, sans boues ni poussières. Au lieu de payer tant de monde pour faire la police de propreté et la guerre aux boutiquiers, ceux-ci seraient eux-mêmes inspecteurs; par ce moyen les rues seraient saines, l'extérieur ne viendrait plus salir l'intérieur; le pauvre comme le riche, tout le monde profiterait de la salubrité; on pourrait voyager dans Paris, sans être crotté, les pieds humides, emportant avec soi la saleté de la rue; la pluie laverait au lieu de salir, les égouts couleraient clair, le pavage coûterait moins cher, les chevaux n'auraient plus les pieds abîmés par les boues, les clous, les éclats de verre cassé et

toute ordure où ils marchent; on éviterait les accidents de toute sorte aussi bien au cheval de luxe
qu'aux autres, à qui ces accidents sont fréquents par
leur dur travail, joint à la torture que ces brutes de
charretiers leur font endurer, car je crois qu'il n'est
jamais venu à l'idée de ces machines infernales
d'éviter de faire marcher leurs chevaux dans un tas
d'ordures; ce danger leur serait évité par mon projet.
Déjà d'abord, la charge serait moins lourde, les
ordures n'étant pas mouillées.

La grande quantité de monde que cela occuperait
la nuit ferait tout naturellement la police, ce qui en
diminuerait les frais. Que de gens sont dangereux à
rencontrer la nuit! et ceux-là même occupés et mêlés
d'honnêtes gens feraient sauvegarde aux attardés;
par ce moyen on offrirait une occupation momen-
tanée aux ouvriers en chômage : cela les ferait
attendre les travaux, car si le père de famille est sans
travail même quelques jours, le pain manque au logis.
On ménagerait l'amour-propre de quelques-uns en
leur donnant cette occupation désagréable la nuit
seulement, où ils ne seraient pas exposés à la vue des
passants. Ce serait encore un moyen d'occupation et
d'utilité pour les prisonniers libérés que les ateliers
repoussent. Cependant il faut qu'ils mangent, les lois
de la nature passent avant les lois humaines; c'est
pourquoi la plus grande partie recommencent. Que de
vols, de crimes ce projet éviterait! Par ce projet, on
pourvoirait au besoin du moment et de première
nécessité, et alors l'épreuve se ferait tout naturellement; on pourrait établir un jugement plus sûr entre
les bonnes et les mauvaises natures, et les mauvaises
pourraient être jugées plus sévèrement et ne devraient

plus rester dans la société, où elles en sont le fléau. Les condamner à travailler à l'agriculture dans nos îles jusqu'à nouvelle épreuve, et ne rentrer dans la mère-patrie qu'après avoir, pendant la condamnation, gagné l'estime des chefs.

Il me semble que ce projet de balayage la nuit n'a aucun inconvénient et peut avoir beaucoup d'heureux résultats : les prisonniers libérés sont dans l'isolement, et en leur donnant de l'occupation, beaucoup deviendraient meilleurs, car il y a danger à les mettre en liberté sans moyens d'existence. Ils coûtent cher à la surveillance, ce qui ne les empêche pas de former bande; ils savent aussi bien que leur juge ce qui les attend s'ils sont pris; ils retournent en prison, font de nouveaux complots pour leur sortie; ainsi s'écoule leur vie.

Tous les moyens qui viendraient apporter un palliatif à cette gangrène me paraîtraient bons au moins à essayer. Si mon projet était adopté, il faudrait créer de nouveaux bureaux à la préfecture de police où tous propriétaires et boutiquiers viendraient déposer au moins deux francs par mois selon le quartier que l'on occuperait. Joint à ce que la ville donne et l'économie des sergents de ville chargés d'inspecter le balayage, cela ferait assez de fonds pour payer les balayeurs hommes et femmes, au moins deux francs par nuit. Les balayeurs recevraient une feuille pour un mois, et les inspecteurs chargés d'inspecter le balayage passeraient un timbre sur chaque nuit de travail, et le balayeur irait se faire payer sa nuit de travail tous les jours à la préfecture de police, ou à sa volonté autant de jours qu'il en aurait de timbrés. Ce projet aurait l'avantage d'être agréable

aux propriétaires et aux boutiquiers qui se trouveraient débarrassés de bien des ennuis.

Pauvres enfants abandonnés.

J'appelle à moi les âmes généreuses pour m'aider
dans le possible et rechercher un remède à cette
misère des pauvres enfants abandonnés. On est dans
l'erreur de croire que s'ils étaient plus heureux les
mères les abandonneraient plus facilement; cela
n'est pas possible ou très peu possible : ou il y a
nécessité à une mère d'abandonner son enfant, ou
elle ne l'abandonne pas; mais je ne crois pas que la
passion raisonne avec les résultats, et si cependant je
me trompe, protégez d'abord les enfants.

Qu'ils soient inscrits par numéro d'ordre, et à la
première communion qu'ils prennent un nom, nom
pour faire souche de famille, puisqu'ils seraient perdus
pour les parents; là serait leur punition. Si cependant
je me trompais et qu'il y ait inconvénient, eh bien!
ils disparaîtraient devant l'humanité et aussi devant
les avantages physiques et moraux qui doivent en
résulter, s'ils recevaient des soins intelligents et en
commun qui remplacent la famille; mais ces pauvres
enfants sont presque toujours élevés par des mégères
qui les élèvent comme des lapins, encore avec moins
de soin, car si les lapins meurent, c'est une perte,
tandis qu'un nourrisson on en trouve un autre.

Combien de fois depuis 1832 que j'ai écrit ce
manuscrit, toujours en l'augmentant, peut-être cinquante fois, ce n'est pas assez dire, il m'a été rendu
peut-être dix fois; il est donc resté dans bien des
mains. Eh bien, cette question s'aggrave toujours, plus

que jamais; je reconnais que même les enfants placés
en nourrice, même par les père et mère, sont plus
mal que jamais; la nourrice va devenir impossible
pour l'humanité et pour la force dont le peuple a
besoin; c'est le désespoir de ceux qui ne peuvent
absolument pas nourrir leur enfant ni le faire nourrir
chez eux. Dans la campagne comme dans les villes,
partout la conscience s'étouffe; c'est cependant la
meilleure religion, la religion mère, celle qui s'adapte
à toutes les autres, celle qui nous met en contact
avec Dieu par la prière. Mais trop souvent nous la
laissons dormir, et quand elle se réveille, souvent
aussi il est trop tard. Je crois que ce qu'il faudrait serait
d'établir des maisons en Algérie pour les enfants abandonnés, leur tendre une main amie à leur entrée dans
le monde. Il faudrait non pas les confier à des nourrices, mais à des bonnes sœurs, et qu'à cet acte d'humanité soient associées les dames voulant se retirer
du monde et entrer dans l'œuvre la plus bienfaisante
qui puisse exister, celle qui doit être la plus agréable
à Dieu. Se dévouer pour protéger le faible, c'est la
prière en action. On pourrait y associer aussi des
femmes ayant subi de faibles condamnations, admises
à faire leur preuve de repentir dans les maisons
maternelles comme servantes. Si elles se conduisaient
mal, les expédier dans nos îles pour les travaux de
culture, et si elles se conduisaient bien, sortir de ces
maisons avec de bons certificats. Les enfants abandonnés sont voués au travail en naissant; c'est ce
qui doit éveiller la sollicitude paternelle du gouvernement. Les bien nourrir pour ne pas avoir des
enfants malingres et sans force, car au lieu de la
déployer dans le travail en grandissant, par les

infirmités, ils deviendraient au contraire une charge
à la pauvre famille, s'il en a une, et au gouvernement, s'il n'en a pas. Le plus souvent, il devient poi-
trinaire, transmet sa maladie à sa génération; il est
mou, sans force, sans courage, faible de corps et
d'esprit et traîne la misère. On me dira peut-être
que les nourrices sont surveillées; j'aurais bien des
exemples à citer du contraire, et en toute circonstance il y a des accommodements. J'ai été dans le
département d'Eure-et-Loir chez un oncle de mon
mari qui était médecin; une petite fille âgée de deux
mois était en nourrice chez une femme qui n'avait
presque pas de lait; elle lui faisait manger du pain
noir mâché, le biberon était toujours caillé par la
malpropreté; l'enfant était rempli de vermine, et un
trou aux reins. Le médecin voulait que le maire
écrivit à la famille, mais celui-ci n'osait le faire, parce
que la nourrice devait cinq francs à la femme, qu'elle
avait peur de perdre, Dieu a eu pitié de ce pauvre
être : elle est morte.

La surveillance ne peut que signaler le mal, mais
elle ne peut pas donner l'intelligence des soins; la
religion, le dévouement peuvent seuls remplacer
l'amour maternel, donner aux enfants les soins
minutieux dont ils ont tant besoin.

Les femmes de campagne vont aux champs, l'enfant reste à la cabane, adviens ce que tu pourras. On
dit que les enfants de la campagne sont gros et forts;
cela demande examen : sans doute, il y a des excep-
tions, il y en a qui aiment les enfants; il y en a aussi
qui sont bien constitués, de nature robuste : l'air pur
de la campagne les aide à pousser; mais d'autres qui
auraient dès les premiers moments besoin de bons

soins se trouvent délaissés, les nourrices ne prennent pas les soins pour les vêtir comme il faut et quand il faut. Je voudrais qu'on prenne exemple sur les animaux : la nature est la même pour tous.

Je voudrais qu'il soit créé des maisons spéciales dans nos départements pour y mettre les enfants en nourrice; qu'elles soient établies sur le modèle de celles établies en Algérie. On paîrait quinze francs par mois; ceux qui ne pourraient payer, leurs enfants seraient envoyés en Algérie pour recevoir les soins communs avec les enfants abandonnés.

Maisons maternelles en Algérie.

Il y aurait trois maisons, une pour le premier âge, deux pour le second; les enfants sortiraient de la première à cinq ans et entreraient dans la seconde, selon le sexe. Dans celle-ci les enfants apprendraient ce qui est nécessaire à l'instruction et selon leur goût, mais généralement vers la culture. La première nourriture des enfants serait le lait d'ânesse; ces animaux sont sobres, laborieux, intelligents : ils transmettraient leurs vertus avec le lait aux enfants.

Les enfants élevés dans un pays chaud coûteraient peu de vêtements; peu de nourriture, étant récoltée sur place; peu d'argent, étant élevés par de bonnes sœurs, par des dames humaines voulant laisser après elles et sur leur passage en ce monde des actions qui doivent ouvrir la porte du ciel. Elles seraient aidées dans les soins de cette œuvre par des femmes ayant besoin et intérêt à se réhabiliter; ce système coûterait moins d'argent que celui qui existe et aurait d'heureux résultats. Il faudrait que cette œuvre, dite *œuvre maternelle,* soit dans nos départements où il fait le moins cher à vivre.

Que chaque enfant ait une ceinture ou autre où serait imprimé la dâte de sa naissance, son nom si on lui en donne un, et son lieu de naissance, avec le cachet du maire, du médecin, des dames de l'œuvre et des autorités.

Les enfants abandonnés par numéro d'ordre avec jour et heure du dépôt; les mères qui déposeraient leur enfant avec un indice pour le retrouver, il en serait dressé acte à la Maternité sur un registre particulier devant servir plus tard à la reconnaissance. On serait porté davantage à les réclamer et on éviterait bien des humiliations dont ils sont innocents et que les formalités difficiles empêchent encore les parents de les reprendre. Ils devraient pour cela donner autant de dix francs qu'il y aurait de mois écoulés depuis leur dépôt.

Ceux qui voudraient mettre leur enfant pour raison secrète dans les maisons maternelles déposeraient quinze francs par mois ou une somme de mille francs jusqu'à l'âge de quinze ans. Les parents donneraient leur adresse; on leur écrirait tous les mois poste restante, ou bien un registre serait tenu à la préfecture de chaque département pour l'état de santé de l'enfant ou son décès.

A l'âge de quinze ans l'enfant choisirait sa carrière: ou être militaire ou cultivateur; à cet âge il ne coûterait plus rien au gouvernement que la surveillance des autorités. Soldat il entrerait au budget de la guerre; cultivateur il gagnerait pour lui.

Bons sujets par leur bonne éducation, les fermiers les rechercheraient; ils seraient toujours sous la surveillance des autorités compétentes jusqu'à leur majorité.

Les filles seraient élevées au ménage, aux soins des enfants; seraient de bonnes servantes, toujours surveillées par les autorités pour les protéger contre les caprices du maître qui perdent l'existence de ces pauvres enfants, celles qui voudraient rester domestiques de campagne, on leur promettrait qu'à la majorité ou avant si elles se mariaient, on leur donnerait un petit établissement, toujours pour la culture.

Il faudrait que tous ces enfants restent dans les campagnes, tant qu'ils sont dépendants du gouvernement; on a grand tort de lancer dans les villes, un jeune homme seul sans famille; il a le cœur vide d'affection et le vide le rend malheureux; il se cherche une famille, son imagination le met en butte à l'envie des grandeurs qu'il rencontre à tous pas et dont il se croit privé par l'injustice du sort; une fois sur cette pente, il y a bien des routes. Il y aura toujours assez d'ouvriers, ils se trouveront par là mieux payés puisque à force de concurrence, l'ouvrier souffre; la concurrence du bon marché lui vole son salaire, parce que l'on trouve toujours des ouvriers à n'importe quel prix, mais le bon marché des bras est une calamité que la direction vers la culture peut seule détruire. Moins d'artisans, ils seront mieux payés, les travaux seront mieux faits. J'ai dit qu'il faudrait aussi surveiller la première nourriture, qui est force et fortune du pays. Pour les enfants qui ont père et mère et qui sont en apprentissage, il faudrait aussi une surveillance, car un patron promet de nourrir; souvent c'est avec cinq centimes : voilà pour jusqu'à cinq heures. L'apprenti court toute la journée, se lève de bonne heure, se couche tard, porte des charges au-dessus de ses forces, l'estomac vide, dans l'âge de la croissance. Si l'enfant se plaint, il est maltraité; si vous le retirez, payez un dédit. Les mauvais exemples s'imprègnent dans le cœur de la jeunesse; l'enfant qui a souffert en apprentissage, s'il devient maître, se conduit comme on l'a fait pour lui et appelle cela n'être pas plus bête qu'un autre; alors cela ne doit jamais finir si le gouvernement ne s'interpose.

Dieu nous a donné une libre volonté d'action; pour guider cette volonté il nous a donné une conscience, miroir qui reflète toutes nos actions et qu'aucune puissance humaine ne peut ternir ou éclaircir à l'œil du juge infaillible. C'est ma croyance; elle peut s'appliquer à toutes les religions qui ont toutes le même but : adorer Dieu le maître suprême. La conscience des enfants aurait d'heureux résultats, elle s'inoculerait avec les autres religions et rapporterait de bonnes influences; l'enfant errant est voué au mal par désœuvrement. Il faut pour cela apprendre aux enfants que la prière appelle l'influence divine, celle à laquelle je crois, car je l'appelle pour protéger mes projets d'humanité écrits dans le but de détruire la misère dans les principales sources. Les idées viennent du ciel; je remercie Dieu de me les avoir inspirées.

Le rang, la fortune, l'instruction sont l'œuvre des hommes; moi je n'ai rien de tout cela, je n'en souffre pas; n'ayant pas d'ambition. J'aurais désiré avoir l'instruction afin de mieux me faire comprendre.

Les bases de la société me paraissent bien posées d'ensemble; c'est pourquoi je voudrais que tout dépende du gouvernement, afin que les intérêts soient

sauvegardés par lui, le père inspire le protecteur de
la grande famille. L'agriculture donne la nourriture;
c'est elle qu'il faut encourager. Les arts donnent la
considération, le commerce, la richesse; la gloire doit
être dans les gouvernants; la gloire la plus agréable à
Dieu doit être celle de l'humanité.

La mort nous menace à chaque minute de notre
vie. Notre vie, notre pensée, notre souffle, d'où vien-
nent-ils? et où iront-ils? voilà bien les trois mystères
que commande l'humanité.

**Création d'un ministère d'humanité. Sans lui,
rien de possible à organiser.**

Il faudrait un ministère représentant tous les intérêts de la société, qu'il soit le tuteur de chaque.

Il faudrait nommer cinq ministres honorifiques,
honorés, intègres, se dévouant corps et âme à cette
bonne œuvre, siégeant tous les jours, eux ou leurs
secrétaires. Il faudrait que dans la cour du ministère
il y ait un tronc fermé par plusieurs serrures; chaque
ministre aurait la clé de l'une des serrures : il y serait
déposé des dons volontaires, et je crois qu'il y en aurait
beaucoup par la confiance (ce qui manque généralement). Il faudrait que tous les héritages inconnus
reviennent à ce ministère. En cas de réclamation, ne
rendre que le capital, pas d'intérêts.

Il devrait être prélevé cinq centimes par semaine
sur chaque paie d'ouvrier, un franc par mois chez les
entrepreneurs, commerçants, propriétaires. Donner
une décoration à qui donnerait mille francs. Cette
décoration serait un petit cœur en or; ce serait un

bel ornement pour une femme : si elle en avait assez
elle pourrait s'en faire un collier.

Donner des bals l'hiver, une représentation par
mois dans chaque théâtre au profit du ministère; dans
leur engagement les artistes devraient jouer sans
rétribution. Tous les biens de l'assistance publique
devraient rentrer au ministère d'humanité; aussi le
droit des pauvres dans les théâtres. Si le ministère
pouvait recevoir de l'argent en viager, il rendrait
service aux gens qui ne connaissent rien aux affaires
et qui souvent se font voler, et les rentes s'éteignant
formeraient un capital sérieux à l'œuvre.

Il faudrait aussi établir un impôt de cinq francs
sur les chiens; ceux qui ne pourraient le payer et qui
le prouveraient en seraient exemptés, mais il leur
serait défendu d'en avoir d'autres; bien des malheureux prennent des chiens et n'ont pas de quoi les
nourrir. Souvent ils les perdent, soit que le caprice
en soit passé, soit par négligence. Alors du chagrin
et de la misère souvent naît la rage. Les ordonnances
de police ordonnent la muselière, cause infaillible de
la rage, car le chien inquiet, malheureux, fatigué de
courir, meurt de soif et il ne peut ni boire ni manger.
Dès lors la rage se déclare. Moi, j'ai eu un chien qui
a été perdu seulement vingt-quatre heures; quand il
est rentré il ne se rassasiait pas de boire. Assurément
s'il avait été muselé il serait rentré enragé, et d'ailleurs un chien enragé se défait facilement de la muselière, si solide qu'elle soit; donc elle est dangereuse et
ne préserve pas; c'est pourquoi j'ai écrit au préfet de
police pour lui soumettre mon projet, que chaque
chien ait un collier portant l'adresse de son maître;
on le reconduirait et on ferait payer une amende pour

payer les frais de conduite; celui qui n'aurait pas de collier serait conduit au dépôt; il y serait gardé vingt-quatre heures, passé ce temps s'il n'a été réclamé, il serait abattu. Ce n'est pas la chaleur qui donne la rage, car dans les pays chauds il n'y a pas plus de chiens enragés qu'ici.

Rétablir les loteries.

La loterie était d'un grand rapport, elle occupait beaucoup de monde. On n'est pas forcé d'y mettre. Laissez cette partie libre, et faites-en rentrer le bénéfice au ministère d'humanité. C'est préparer des ressources aux misérables comme aux gens sans organisation. On a supprimé les maisons de jeu; on a bien fait pour les petites bourses, mais les gens riches vont porter leur argent à l'étranger. Je voudrais voir rétablir les maisons de jeu, mais que n'y soient admis que ceux qui auraient une autorisation du gouvernement, et elle devrait être payée très cher et le produit donné au ministère d'humanité; on ferait la charité en satisfaisant une passion.

Il faut chercher à assurer des ressources aux familles qui ne gagnent que pour vivre et auxquelles il est impossible de mettre un sou de côté. Il faut créer plus de maisons de vieillards qu'il n'en existe, où l'on puisse entrer à soixante ans sans plus de formalité que l'âge ou des infirmités. Ne pas réunir plus de deux cents personnes, bâtir ces hospices dans nos départements, en pleine campagne, ou en Algérie. Faire travailler chacun selon sa force et ses aptitudes aux besoins de la maison. Les employés devraient être obligés de prendre leur repas aux mêmes réfectoires que les vieillards, car ce qui se perd dans les services particuliers serait profitable au bien-être et au budget.

Commission de dames riches.

Commission toujours dépendante du ministère d'humanité. Je voudrais qu'il soit nommé une commission ayant rapport à toutes les questions d'humanité, comme il en existe d'hommes pour les questions d'État, et un ordre institué pour les bonnes œuvres.

Ordre humanitaire.

Hommes et femmes y auraient droit. Les femmes riches auxquelles la toilette ne peut remplir l'existence trouveraient au ministère des occupations dignes d'elles. On utiliserait leur activité, leur grand cœur, leur grand courage. Dans les calamités de famille, leur âme s'élèverait sous l'impression de la consolation qu'ils apporteraient aux malheureux, car il ne faut pas croire la femme absolument futile et bonne seulement à sa toilette; non, dans les choses sérieuses elle est souvent de bon conseil. Certainement une femme ne peut pas être ni député, ni ministre, mais on peut lui créer une occupation en rapport avec son sexe. L'humanité convient à son âme, où règnent la prière et la religion, deux choses ayant le même but : l'humanité. Notre vie est conduite par notre volonté; c'est pourquoi j'ai souvent demandé à Dieu de nous garder. Je crois que toutes les âmes doivent avoir le même langage; qu'importe la religion? Je crois que la plus agréable à Dieu doit être

celle de la conscience et de l'humanité. Ce ministère
serait un temple qui lui serait agréable.

Création de petits hôtels nommés
hôtels de la Prévoyance.

Ces petits hôtels deviendraient universels par leur
exemple. Il faudrait créer une caisse au ministère
d'humanité, où chaque sociétaire viendrait déposer
un franc par mois. Cette petite somme versée régulièrement donnerait droit, à l'âge de soixante ans, à
entrer dans un de ces hôtels dans nos départements;
hommes et femmes, dans toutes les classes de la
société, pourraient s'assurer une ressource pour
l'avenir, et peut-être plus d'une personne riche en
profiterait, car qui peut prévoir ce que l'avenir nous
réserve? La société des petits hôtels admettrait Français ou étrangers, à condition qu'ils habitent la
France. Les Français étant à l'étranger auraient toujours le droit d'être actionnaires, à la condition de
payer exactement. On pourrait régler ainsi la cotisation : 1 franc par mois jusqu'à quarante ans,
1 fr. 50 jusqu'à cinquante, 3 à cinquante-cinq; celui
qui serait un an sans payer serait rayé sans avoir
droit à aucune réclamation. Ceux qui à soixante ans
n'auraient jamais rien versé pourraient être admis en
versant une certaine somme.

Il ne devrait pas y avoir plus de cent personnes
dans chaque hôtel; chaque ménage devrait avoir deux
petites pièces, avec cabinets de toilette, cabinets d'ai-
sance, robinet d'eau chaude dans le couloir, le gaz,
bouches de chaleur. L'uniforme serait simple : robe
noire, bonnet blanc pour celles habillées par la

maison, toilette libre pour celles qui se la fournis-
sent. La même chose pour les hommes. L'hôtel
devrait avoir un seul directeur, lui et sa famille. On
devrait cultiver dans chaque hôtel ce qui est nécessaire à l'alimentation. Il devrait y avoir un lavoir.
Pour tous les travaux il faudrait employer les vieux du
pays sous la surveillance de deux sœurs, et tout le
personnel sous la surveillance des autorités du pays,
qui devraient faire leur rapport au ministère. Un
médecin devrait être logé à l'hôtel.

Police organisée pour protéger
les chevaux.

Je donnerais encore comme rapport au ministère
les amendes qu'il ne faudrait pas ménager aux cochers
et charretiers, comme aux propriétaires. Il devrait
être ordonné aux sergents de ville de dresser procès-
verbal. On pourrait pour les encourager leur allouer
une petite prime prélevée sur l'amende; le reste
serait versé au ministère.

Si un cheval est signalé comme étant blessé et travaillant à force de coups, le faire abattre de force; de
telle façon les propriétaires auraient intérêt à ne pas
les charger outre mesure; ils ont souvent des colliers
trop petits qui leur pincent les chairs et leur font
des plaies; il faut qu'avec cela ils tirent des charges
pour lesquelles il faudrait deux chevaux; alors le
charretier, brutal par habitude, tape à tour de bras
sur les malheureux animaux. Il faudrait que la police
soit sévère, très sévère, qu'on inflige des amendes
sérieuses à tout propriétaire de cheval qui le charge
outre mesure; que le charretier ait un jour de prison,

parce que lui, étant puni, refusera de conduire un cheval trop chargé ou en trop mauvais état.

Le cheval ne demande qu'à travailler, mais ne lui enlevez pas ses forces, par les coups. Jugeons-en par nous-mêmes; si nous sommes tombés, que nous soyons écorchés, à peine pouvons-nous tenir sur nos jambes; nous marchons difficilement, et nous ne sommes pas chargés : eh bien, la nature est la même pour tous. J'en suis fâchée pour l'orgueil des hommes, mais les animaux ont les mêmes douleurs, les mêmes maladies, les mêmes sensations que nous. Quand j'entends dire : « Ce n'est qu'une bête », je bondis. — A cette réflexion stupide et inhumaine on peut répondre : « La preuve que les effets sont les mêmes chez l'animal que chez l'homme, c'est que l'on essaie les remèdes sur les animaux ». Il faudrait exercer une surveillance aux abords des carrières. C'est pitié de voir les coups que reçoivent ces malheureuses bêtes pour sortir de là. Pourquoi ne pas placer le tombereau sur des rails avant qu'il ne soit chargé? La charge monterait plus facilement. Mais non, on aime mieux battre, et toujours battre; souvent vous voyez quatre ou cinq hommes appuyés sur un outil quelconque qui regardent stupidement au lieu de pousser à la roue. C'est une honte pour les hommes de voir avec quelle indifférence ils contemplent la brutalité : et l'on s'étonne qu'il y ait tant de criminels! C'est une honte pour l'humanité de voir avec quelle indifférence on regarde ces brutes, battre ces malheureuses bêtes, au lieu de chercher à les aider à sortir d'une difficulté. Deux hommes de bonne volonté poussant à la roue, et le cheval part aussitôt; mais non, ils sont là qui regardent les mains dans les poches,

pendant que les charretiers leur coupent les jambes
à coups de fouet. Je voudrais que les sergents de ville
dressent procès-verbal, que celui qui ayant été vu
par un inspecteur s'éloigner sans regarder soit
puni ; que celui qui aurait aidé un cheval à sortir
d'embarras ait une mention, au bout d'un certain
nombre une récompense. Je soutiens que presque
tous les chevaux qui s'emballent, c'est parce qu'ils
ont été ou sont maltraités; alors, fous de douleur, ils
cherchent à se sauver : de tous côtés, ils sont marty-
risés. Ils ont comme nous des rages de dents; s'ils
remuent, vite un coup de fouet et le mors tiré dure-
ment; n'est-ce pas assez avec la souffrance pour le
faire emporter? Quand je sors, je passe l'inspection
des chevaux : si le cheval a l'œil triste, la tête penchée,
les nerfs du corps qui tressaillent, il est certain que
le cocher a l'œil dur et la physionomie méchante;
mais je crois que beaucoup ne deviennent brutes,
sauvages, que par le mauvais exemple ; punissez
sévèrement, récompensez les bons, et ceux-ci forme-
ront légion. Chaque cocher pourrait avoir un livret,
sur lequel les sergents de ville devraient noter les
bons ou les mauvais traitements. On pourrait chaque
année donner une fête où les bons seraient félicités,
encouragés ; il pourrait y avoir une distribution de
petits objets utiles, que beaucoup de personnes donneraient comme encouragement. Enfin ce qu'il faut,
c'est ne pas rester indifférent à la brutalité; d'ailleurs
la brutalité mène au crime. Les enfants s'élèvent à
la vue de la méchanceté, ils s'endurcissent. C'est
pour l'avenir une certaine quantité de gibier à prison.
Il faudrait aussi surveiller les écuries, qu'il y ait
autant de places que de chevaux, car c'est affreux

qu'un animal qui a couru toute une journée, brisé par le travail et par les coups, ne puisse même pas se coucher.

En un mot, il faut enrayer ces atrocités; le tout est d'attacher le grelot. Je crois que si le clergé le voulait, il y parviendrait facilement. — Il faudrait que l'on comprenne qu'en supprimant les tortures des malheureuses bêtes, on rend service à la société, car la brutalité annule tout bon sentiment, et rend criminel; d'ailleurs le cheval ne demande qu'à travailler, mais ne lui ôtez pas ses forces. Voyez quand il est embourbé ou empierré, quand il est arrêté et qu'il ne peut démarrer, s'il sent qu'on pousse à la roue, vite il tire.

Tuteurs et Mineurs.

Les intérêts des orphelins devraient être placés sous la tutelle du ministère d'humanité, car on a vu beaucoup de tuteurs avoir de la peine à se séparer d'une fortune qu'ils ont longtemps administrée. Soit que l'enfant soit mis en nourrice ou en pension, selon l'âge et la position de fortune, le tuteur nommé par la famille devrait rendre ses comptes tous les ans; ceux qui n'auraient rien seraient envoyés en Algérie pour être élevés et dirigés vers la culture. Par ce moyen, ils rendraient à la société ce qu'ils auraient coûté. Il n'y a jamais assez de cultivateurs; la culture, c'est la richesse du pays, tout enfant élevé par le ministère d'humanité devrait être ou soldat ou cultivateur.

Association par corps d'état spécialement.

Les corps les plus distingués, les diplomates, le barreau, la médecine, les arts, les rentiers, le haut commerce, chacun formerait un corps particulier, géré par le ministère d'humanité. Dans chaque corps, chaque membre devrait verser une année d'avance, avant la construction de l'hôtel; chaque hôtel prendrait le nom de chaque corps, hôtel des arts, hôtel des diplomates, etc. Quiconque serait admis en payant sa cotisation; ceux qui ne seraient pas sociétaires et qui désireraient y entrer seraient admis en payant pension; beaucoup ne demanderaient pas à entrer, ceux qui auraient leur position assurée, mais combien y en a-t-il qui sont malheureux sur leurs vieux jours, et qu'une ancienne fierté condamne à la misère honteuse!

1848. République, je te salue si...

Je te salue, si tu viens pour être la protectrice des arts, du commerce et des pauvres. Le gouvernement qui détruira la misère sera le gouvernement de Dieu. Mais il est à craindre que la république ne soit le lot des intrigants, car elle réveille toutes les ambitions. Il faut tant de vertus pour être républicain, que je crains qu'elle ne soit un bien idéal, mais une triste réalité, car tous les républicains en paroles veulent l'égalité des grands, des riches. Si on nivelle, tout devient problème. Dieu veuille que la république ne soit pas encore une fois sortie de son linceul pour faire de son drapeau un drapeau de sang.

Sont responsables des révolutions ceux qui montent les imaginations sans résoudre leurs questions.

Voilà comment je comprends sortir de la terrible crise qui atteint toutes les classes de la société. Toujours créer le ministère d'humanité, sans lui, rien de possible; je le placerais au Luxembourg; je voudrais cinq ministres : M. le duc de Larochefoucauld-Doudeauville, M. de Rambuteau, le Père Lacordaire, M. Chaix d'Est Ange; qu'ils soient nommés organisateurs — l'ordre pourrait renaître, l'ordre est un remède à toutes les calamités. Il faudrait faire appel aux riches, non avec la crainte, mais avec la religion de conscience qui veut le secours mutuel, celui que Dieu commande. Au lieu d'abolir les titres de noblesse, il faudrait au contraire les rétablir et que le ministère d'humanité les vende bien cher : il faut faire sortir l'argent des riches au profit des pauvres.

Société humanitaire.

La Société donnerait pour 1000 francs une décoration qui serait une petite croix en argent tenue par un ruban vert. Les ministres du ministère d'humanité seraient commandeurs de l'ordre. On ajouterait aux ressources du ministère les bons de l'assistance publique, il faut lui donner le plus de ressources possibles. On pourrait vendre les châteaux royaux, qui sont rarement occupés; on rendrait service non seulement à l'humanité, mais aussi aux localités, en transformant les châteaux en maisons de vieillards;

on garderait les meubles sans valeur, le linge, les ustensiles de cuisine, tout ce qui pourrait servir à ces maisons. Les objets de luxe, d'art, les curiosités seraient envoyés aux Tuileries, où ils seraient exposés et vendus au profit du ministère. Je ne vois d'autre inconvénient que de voir passer quelques objets d'art à l'étranger, mais c'est moins pénible qu'une révolution qui brise, qui pille, qui brûle. Les malheureux verraient qu'on s'occupe d'eux ; alors de tigres, ils deviendraient agneaux. Que notre république pose une main protectrice sur ces châteaux, qu'elle les donne comme retraite aux vieillards qui sont à charge de leurs enfants, qui souvent, eux aussi, n'ont pas le nécessaire.

Les châteaux près de Paris devraient être affectés aux convalescents, afin de ne pas abandonner sans ressources de pauvres malades à moitié guéris qu'on renvoie pour faire place à d'autres, et qui retombent peu de temps après : on détruit le bien que l'on a fait, le malheureux qui retombe malade perd ses forces, et l'hôpital a double charge.

Il faut par tous les moyens possibles, venir en aide au travailleur car le danger est grand ; — quand il voit sa femme et ses enfants manquer de tout, il se laisse entraîner aux pires excès. — Il faut lui faire comprendre que la ruine du riche c'est l'abime du travailleur, car il n'y a que les riches qui puissent faire marcher les états de luxe, les arts, et c'est ce qui fait vivre le plus d'ouvriers. Il faut aussi protéger la propriété, tout cela fait travailler. La culture a besoin de bras ; donnez des encouragements aux enfants de campagne, qui y restent : ils viennent encombrer les villes, ne trouvent pas d'ouvrage et

souvent tournent mal, parce que l'orgueil les empêche de retourner au pays.

Il ne faut pas être envieux de la fortune des riches;
il en faut pour faire marcher le commerce. Et puis,
bien des riches ont acquis leur fortune par leur intelligence, ou par héritage : on doit la respecter. Ceux
qui prennent le titre de républicains et qui deman-
dent le partage sont des ambitieux, hommes peu
loyaux, qui veulent le renversement de la société. La
richesse ne peut exister sans la confiance; si la confiance disparaît, tout croule.

La fortune que les ambitions convoitent, ce n'est
pas celle acquise par leur travail, ce sont les hauts
emplois avec la fortune qui les accompagne. Ce sont
des faux républicains, criant, renversant tout. — Ce
ne sont pas ceux-là qui donnent la confiance, qui
rétablissent l'ordre et la paix sans lesquels on ne peut
rien établir de stable.

Il ne faut pas être grand financier pour se rendre
compte du tort qui résulte de manquer de confiance :
en 1847, une propriété qui valait 100 000 francs, n'en
vaut aujourd'hui que 50 000. Alors ceux qui éprouvent ces pertes, se restreignent, le commerce est aux
abois, l'ouvrier chôme.

Établir de grandes cuisines ouvrières.

Ces cuisines devraient être établies aux frais du
gouvernement; il en faudrait quatre dans chaque
quartier. Les installer sur le modèle des cuisines
d'hôpitaux; qu'elles soient tenues par des sœurs. Ces
cuisines rendraient de grands services aux ouvriers
et ouvrières; sortant de grand matin, elles ne peu-

vent faire de cuisine, ou elles dépensent trop ou elles mangent mal : de là la faiblesse et souvent des maladies qui les mènent à l'hôpital.

On paierait 10 centimes le bouillon maigre, c'est-à-dire : bouillon, haricots, choux, lentilles, oignons, etc., ce bouillon nourri avec de la graisse de boucherie, avec portion de bœuf fricassé avec pommes de terre, 10 centimes. Ces cuisines ne seraient pas une grande charge et viendraient en aide à la destruction de la terrible maladie : la pneumonie.

Quelle pitié ne doit-on pas avoir de ces pauvres ouvrières qui commencent de bonne heure, rentrent tard, et ont tout à faire en rentrant; soins du ménage, des enfants! Elles auraient encore assez à faire en rentrant, et cette occupation remplie par des sœurs, serait une prière offerte à Dieu, plus utile que de s'enfermer dans un couvent, et un exemple moral de fraternité.

Abolir l'impôt des vins ordinaires.

Je trouve qu'abolir l'impôt des vins ordinaires serait un grand bienfait pour les classes pauvres, les ouvriers d'ordre qui ne vont pas au cabaret. C'est donc la partie la plus intéressante qui s'en trouve privée. Je crois que l'ivrognerie diminuerait beaucoup, si les ouvriers trouvaient à la ville comme à la campagne un vin naturel et rafraîchissant, qu'ils pussent boire en famille. On pourrait remplacer cet impôt en augmentant celui des vins supérieurs, payé dans un bureau particulier de la localité, et aussi un fort impôt sur les spiritueux.

Comment je comprends combattre le socialisme.

Prenez un drapeau humanitaire, et tous les hommes de bien s'y rallieront. Ministère d'humanité d'abord. Sans lui, rien de possible. Tous les grands intérêts ont besoin d'un ministère pour les représenter. L'humanité doit avoir le sien. Le plus grand bienfait de la révolution de 48, c'est le vote universel; il nous sauvera. Il y a plus d'honnêtes gens que de perturbateurs; si ceux-ci paraissent nombreux, c'est parce qu'ils font beaucoup de bruit.

Une fois de plus, la république est venue prouver qu'il n'y a de durable que la religion du Christ, car celle-là réunit l'univers. Si ce n'est pas par son église, c'est par sa morale. La morale parle aux âmes et rattache les honnêtes gens par un fil électrique; c'est ce fil qu'il ne faut pas laisser briser.

Je le répète, beaucoup de petites maisons de vieillards; pour beaucoup, ce serait plus avantageux que de petites pensions qui les obligent à vivre chez leurs enfants, tous presque ensemble, vieux et jeunes, ce qui est malsain.

Il faudrait un grand nombre de maisons de refuge pour parer au chômage. Si l'on ne pouvait pas écouler tout le produit, mettre l'excédent en loterie. Pour mettre, tous les intérêts en harmonie, il faut un ministère de prévoyance, autrement pas d'organisation possible. Que le ministère d'humanité soit l'arc de triomphe de l'humanité. Il ne faut pas le confondre avec le ministère du travail. Le ministère ne peut se faire entrepreneur. La liberté du travail

est la première de toutes les libertés. Salut à elle!
Il n'y a pas dans notre pays de barrière à l'intelligence.

Le travail est la conséquence de la paix, de l'organisation sociale. Ce qu'il faut faire bien comprendre
au peuple, c'est que si on égalisait les fortunes aujourd'hui, demain elles auraient déjà subi des changements par l'économie des uns, et le désordre des
autres, par l'activité ou la paresse, l'intelligence ou
l'incapacité. Ne voit-on pas tous les jours, des héritages partagés également : les uns augmentent leur
fortune, les autres la voient diminuer par leur mauvaise gestion, le manque d'ordre. Non, l'égalité n'est
pas possible, on ne peut la comprendre que dans ce
sens. L'égalité est pour tous, c'est-à-dire que tous,
à quelque classe qu'ils appartiennent, peuvent
arriver aux plus hauts emplois, s'ils ont l'intelligence, l'activité et la droiture nécessaires, — et encore faut-il comprendre que tous ceux qui sont
méritants, ne peuvent pas arriver aux premiers rangs.
Ce qu'il faudrait, ce serait d'organiser la société de
façon à venir en aide à ceux qui sont éprouvés, à
ceux qui après avoir travaillé toute leur vie et élevé
leurs enfants, se trouvent dans le besoin.

Il faut des gens riches pour faire aller le commerce,
que ceux qui ont de la fortune, aient un train de
maison, une table bien servie, tant mieux; ça encourage l'agriculture; le soldat a son ordinaire, tout le
monde ne peut pas être général. Il faut des ouvriers
pour construire des maisons, il faut des architectes
pour en faire le plan. Pour être architecte, il faut des
études que ne peuvent pas faire les enfants d'ouvriers, parce qu'il faut pousser l'instruction fort tard;

il faut des uns et des autres. Aidons-nous mutuellement, Dieu l'a dit. La vraie liberté, c'est que chacun
puisse arriver à la fortune par son travail, à l'égalité
par l'intelligence, à la fraternité en aidant et traitant
bien les inférieurs. Les ouvriers doivent comprendre
que leur instruction n'est pas à la hauteur du mandat
de député, car il faut beaucoup de connaissances pour
répondre à toutes les questions.

Je voudrais que tous les enfants abandonnés soient
dirigés vers la culture, mais pour protéger la culture
il faut de l'argent; pour avoir de l'argent il faut la
confiance; la confiance c'est l'idéal de l'âme; mais
l'âme n'est pas palpable, de même la confiance, le
papier la représente, mais elle est en affaires ce que
l'âme est à la vie. La société est bien établie, elle est
sanctionnée par des siècles, elle n'a besoin que d'amé-
liorations marchant avec le progrès, et non par les
révolutions qui ruinent. La force brutale détruit)n
trompe les ouvriers quand on leur parle d'exploita-
tion par les maîtres; mais il faut des maîtres, tout le
monde ne peut pas l'être, et il faut que ce soit celui
qui prend le travail à ses risques et périls. L'union
fait la force : entre maîtres et ouvriers, entre général
et soldats, l'union pour détruire l'affreuse misère;
mais ce ne sera pas le communisme; chacun aime à
garder ce qu'il a, tout le monde aime son petit chez-
soi. Puis, il faut l'union et la tranquillité pour le
travail; sans cela la misère, l'affreuse misère augmente. Il faut donc organiser un système humanitaire sans rien désorganiser.

Associations de dames pour le placement des domestiques femmes.

Il faudrait que sous le patronage de dames riches on mette en association des domestiques femmes. Qu'il soit nommé une directrice intelligente, active et dévouée, beaucoup de sous-directrices. Les domestiques ont besoin de protection. Qui n'a pas gémi à la pensée de ces pauvres filles quittant le pays, la famille, venant dans les villes, sans expérience, se faire exploiter par des intrigants. De cette calamité résulte la corruption.

Chaque domestique donnerait à l'association 1 fr. 50 par mois : lorsqu'elle serait sans place, elle viendrait le déclarer : on en prendrait note à son dossier. Les dames patronesses devraient se renseigner souvent, surtout quand il s'agirait de sujets d'élite, ou, quand il s'agirait d'exclure de l'association une fille indigne. Les dames qui viendraient choisir une domestique pourraient la prendre de confiance et pourraient être renseignées sur leurs aptitudes, car on n'admettrait que de bons sujets.

Ménages d'honnêtes gens devant donner asile aux domestiques femmes sans place.

La directrice devrait avoir à sa disposition des ménages d'une probité bien reconnue, qui recevraient une ou plusieurs jeunes filles sans place; on les logerait et nourrirait pour 1 fr. 50 par jour. Les ménages devraient compte à la direction de la conduite des jeunes filles (on tiendrait compte de la domination

que beaucoup de petits employés aiment à exercer),
puis enfin si on ne voulait que des perfections, il
faudrait renoncer à l'œuvre; mais on serait renseigné
sur l'ensemble, on placerait l'élite chez l'élite des
maîtres, et alors beaucoup de bonnes natures qui se
trouvent perdues par les mauvais conseils, les entraî-
nements seraient à l'abri de bien des infamies, et ne
seraient pas forcées d'avoir recours à ces bureaux de
placement, qui souvent les placent mal pour pouvoir
les remplacer au bout de deux mois, — et puis, cela
aiderait les petits ménages à vivre.

Projet pour protéger les jeunes filles contre les Maîtres de maison.

Il faudrait une loi pour protéger les jeunes filles
soit domestiques, soit ouvrières ou apprenties, une loi
qui les garantisse contre les tentatives déshonnêtes
des maîtres de maison. Beaucoup d'hommes malheureusement, dans les maisons où l'on occupe des
jeunes filles, ne se font pas scrupule de les perdre;
c'est un fléau pour les familles qui sont forcées de
placer leurs enfants; c'est une humiliation pour la
maîtresse, c'est d'un mauvais exemple pour toutes.

On dira que l'on ne tolère pas ce genre de crime;
mais il faut porter plainte, ce que l'on ne fait pas,
les uns par une raison, les autres par une autre.
Alors je dirai : quand on soupçonne un voleur, on
l'épie; pourquoi n'en ferait-on pas autant pour la
moralité d'un maître de maison qui tient à sa disposition l'honneur des familles et qui par cette raison
est responsable de ses actes devant la société? Les
pauvres enfants tombent souvent par inexpérience,

par crainte; ils savent, cés libertins, qu'elles n'osent rien dire, et ils en abusent; mais qu'ils soient surveillés et sévèrement punis par un jugement à huisclos, et il y en aura moins.

Je voudrais voir les chemins de fer à l'État. Les employés seraient mieux traités, auraient des pensions, les administrateurs recevraient en obligations une somme en rapport avec leur emploi, et des titres de noblesse pour dédommagement. — Je ne dirai pas ni sénateurs ni députés; ces emplois si recherchés ne devraient pas être payés. — Les chemins de fer devraient réduire le prix de transport des produits agricoles; c'est encore un moyen de l'encourager en lui facilitant l'écoulement de ses produits.

L'honneur national veut une armée sur pied, à moins que toutes les nations ne s'entendent pour une fédération générale; mais en attendant cet heureux moment, ne pourrait-on avoir une armée de soldats laboureurs en temps de paix, diviser l'armée par départements; les armes resteraient aux casernes et les soldats envoyés dans les communes, logés soit chez le paysan en l'indemnisant, soit campés, travailleraient soit aux routes, soit aux défrichements. Les soldats laboureurs recevraient double solde; les faire rentrer à la caserne le dimanche. Faire travailler le soldat, c'est aussi lui créer une ressource quand il sera libéré, en lui donnant l'habitude de la culture, et il ne perdrait pas l'habitude du travail naturel. Chaque compagnie, à son tour, serait cultivateur, et chaque compagnie resterait à la caserne pour les exercices. — Car dans le militaire que faudrait-il? l'habitude de la discipline pour les masses et de bons chefs. — Qu'il y ait une école de chefs, que ceux qui veulent faire leur carrière de l'état militaire en fassent tous partie. Que tour à tour ils commandent en passant par tous les grades; une semaine l'un commandera comme lieutenant, l'autre comme capitaine, de façon que si une guerre survient on ne soit jamais à court de chefs expérimentés.

Fortifications.

Je voudrais voir les fortifications mises en rapport, soit affermées, soit cultivées par nos soldats. On pourrait y faire venir du fourrage. Cette terre qui attend la guerre (espérons qu'elle ne viendra pas), serait d'un grand rapport. Si par malheur la guerre éclatait, la récolte serait perdue comme elle l'est ailleurs là où elle se passe, mais en temps de paix ce serait utile et agréable à l'œil.

L'or organisé devrait être une divinité humanitaire.

Beaucoup de gens disent : l'or ne fait pas le bonheur; ce sont des paroles, ou bien ils ne savent pas l'employer. Moi, j'en ferais volontiers une divinité. L'or répond à toutes les exigences. Il prouve, si cela avait besoin d'être prouvé, le bienfait de l'organisation. N'est-il pas merveilleux de voir l'or répondant à tous les besoins? S'il n'y répond pas quand il s'agit de salaires, ce n'est pas lui qu'il faut accuser, mais le manque d'harmonie.

Comment donc ne pas diviniser un si grand moteur? Il doit faire l'admiration du ciel par le génie qu'il électrise et le rapproche de lui par le luxe et la beauté de l'art, aimé de la nature quand il n'est pas avili par l'excès.

Sans doute, se faire un dieu de l'or, l'adorer, l'entasser ou s'en servir pour satisfaire de mauvaises passions, c'est le revers de la médaille; mais avoir de l'orgueil, en désirer pour donner aux siens le nécessaire et quelques satisfactions, pouvoir venir en aide à quelques infortunes, mais c'est le ciel sur la terre. Être privé de ses bienfaits, est une torture inconnue à ceux qui n'en ont jamais manqué. L'or dans cette circonstance n'est-il pas un ange consolateur?

Or, honneur à toi, car le bien que tu peux faire l'emporte sur le mal. Ce jugement doit être juste, car je suis femme sans ambition; j'admire, je reconnais le bien que peut faire l'or, mais on ne me ferait pas faire une mauvaise action pour des millions.

Je n'ai jamais envié la richesse; si je l'ai quelquefois regrettée, c'est pour son utilité. J'aurais eu de l'instruction, mes projets auraient marché plus vite, j'aurais combattu la misère avec de meilleures armes et j'aurais mis par moi-même plusieurs de mes projets à exécution. Je n'ai de ma vie envié aux riches que le temps perdu, moi qui n'ai jamais eu une minute à moi. Que de projets ont reçu naissance et tombeau dans mon imagination! Quelques-uns auraient pu être mis en pratique, j'aurais pu faire imprimer mon manuscrit afin qu'il cherche lui-même protection. J'irai devant Dieu, quand il m'appellera, avec confiance, car j'ai employé ce qu'il m'a donné d'intelligence et de bonne volonté au bien général; je n'ai jamais regardé avec indifférence le tableau de la misère, mais avec désespoir de ne pas voir marcher assez vite ce que j'ai trouvé de remèdes à ce triste fléau. J'ai dépensé plus de forces que je n'en avais au bien-être des miens. J'ai eu de la tolérance comme nous en avons tous besoin, j'ai eu de l'horreur pour le vice, et l'âme révoltée contre la méchanceté.

Copie d'une lettre adressée à Sa Majesté l'Empereur.

Je soumets à Votre Majesté une idée peut-être utile. Le palais de l'Industrie a son titre à soutenir et ses engagements à remplir. Voilà un moyen qui pourrait peut-être faire honneur à ce double but. Mettre à louer par petites parties la place d'une montre plus ou moins grande selon les besoins du commerçant. La réclame qui se fait dans les journaux pourrait se faire plus sûrement par le moyen que j'indique. Les étrangers, les provinciaux, arrivés à Paris perdent ou oublient les adresses : au palais de l'Industrie, des galeries par corps d'état, les conduiraient au milieu des commerçants. Il faut croire les réclames des journaux sur parole; là, ils jugeraient sur échantillon. Chaque pays y serait représenté à sa volonté soit par œuvre, soit par adresse, et dans ce vaste établissement, qui deviendrait aussi curieux qu'utile, on ferait le tour du monde, et il deviendrait d'un grand rapport au gouvernement.

Si j'étais riche.

J'établirais une maison maternelle, je la placerais près Paris, près d'une station de chemin de fer. Dans

cette maison, on prendrait des enfants en nourrice,
cette maison aurait 100 berceaux dans un dortoir au
premier, 50 berceaux de chaque côté. Les berceaux
seraient en fer, percés de petits trous très rappro-
chés ; au fond, de la paille, ou plutôt, des copeaux de
menuisier, ce serait plus doux et plus chaud, recou-
verts de petits draps blancs tous les jours ; ce serait
plus sain que la paille d'avoine toujours reséchée.
Il devrait y avoir sous les berceaux un petit ruisseau
qui serait lavé plusieurs fois par jour au moyen
d'un tuyau qui coulerait au dehors du dortoir, pour
ne pas le salir. Au rez-de-chaussée une grande
salle, où il y aurait ce qu'il faut pour les enfants,
petites chaises, chariots, et il y aurait des ânesses
qui pourraient nourrir des enfants et travailleraient
aux besoins de la maison. Peut-être l'exemple de
leurs vertus, les bons services qu'elles rendraient,
détruiraient le préjugé qui attaque leur intelligence.
Dans ma conviction la nourriture influe sur le caractère. L'homme ne pourrait qu'y gagner, car l'âne est
travailleur, sobre, résigné. J'aimerais donc que
l'ânesse nourrisse les enfants, que les écuries donnent dans la salle de jeu, séparées par un grillage, il
y aurait pour les animaux une distraction qui je crois
serait bonne, car l'ennui, la crainte, influent sur la
qualité du lait, et des maladies doivent en naître.
Aussi je suis convaincue que bien des maladies nous
viennent de la viande des pauvres animaux toujours
si maltraités que nous mangeons. C'est comme les
personnes qui boivent du lait d'ânesse ; est-il possible
de croire que ce lait fasse du bien ; pauvres bêtes con-
duites à coups de bâton ? Leur lait doit être tourné
avant d'être tiré ; mais qu'importe, ils sont si heureux

de battre, ces sauvages conducteurs, et personne ne leur dit rien !

Il faudrait que le bâtiment soit chauffé par des calorifères, que la salle soit parquetée de liège, ou de tapis de corde végétale, placés sur un grillage, qu'il y ait une petite pente pour que l'eau s'écoule. La salle, le réfectoire, la cuisine seraient au rez-de-chaussée, le dortoir au premier, l'infirmerie, la lingerie, le logement de la directrice au deuxième, les femmes de service au troisième. Ces femmes devraient avoir dans les environs de la cinquantaine. A soixante ans, on pourrait demander leur admission aux incurables. Elles auraient 15 francs par mois, deux d'entre elles passeraient la nuit.

Devant le bâtiment il y aurait 2 préaux, l'un couvert, l'autre découvert, garnis d'arbres de chaque côté, les écuries, la basse-cour, le tout séparé par des grillages; ce serait une distraction pour les enfants de voir les animaux. Punir, dans le jeune âge, les enfants méchants pour les animaux, leur faire comprendre que les animaux ne sont pas créés pour exercer leur méchanceté; l'insensibilité de l'enfance devient presque toujours de la férocité.

On devrait, pour s'en convaincre, consulter les premières années des criminels. Certainement il faut détruire les animaux pour l'alimentation, mais qu'on les fasse souffrir le moins possible; d'ailleurs, si ce n'est par humanité, que ce soit pour la santé publique, car les animaux maltraités contractent des maladies qu'ils nous communiquent; c'est notre punition pour notre indifférence. Dans les maisons maternelles, il devrait y avoir potager et verger, pour subvenir aux besoins de la maison.

Lorsqu'un enfant serait présenté à la maison maternelle, il devrait avoir une ceinture, sur laquelle seraient inscrits le nom de la famille, son numéro d'ordre, le jour de son entrée; il devrait avoir son acte de naissance. Sa famille devrait payer 15 francs par mois; quand un ouvrier aurait plus de 3 enfants, 10 francs. Si cette maison rendait les services que je pense, on pourrait en établir dans les départements.

Par ce projet, on ne serait plus forcé de confier ses enfants à des femmes de campagne, qui 98 fois sur 100 ne donnent pas aux enfants les soins nécessaires, d'où vient la grande mortalité des enfants en bas âge : quand ils ne meurent pas en nourrice, ils reviennent chétifs, et toute leur existence se ressent des mauvais soins de la première enfance; ce serait, je crois, un moyen de régénérer l'espèce humaine.

La vie à bon marché.

C'est toujours à l'agriculture qu'il faut avoir recours pour avoir la vie à bon marché, ce qui contribuerait déjà à atténuer la misère. Pour cela il faudrait les transports moins cher, le cultivateur trouverait plus facilement l'écoulement de ses produits; il faudrait rehausser le métier de cultivateur; que les enfants qui reçoivent maintenant un peu plus d'instruction ne le dédaignent pas; qu'ils restent aux champs au lieu d'aller encombrer les villes qui ont plus de bras qu'il n'en faut, quand les campagnes en manquent : la conscription en enlève bien assez, sans compter que quand ils ont fini leur service militaire ils ont perdu l'habitude de travailler la terre et cherchent des emplois. De là vient l'encombrement des villes. Si on faisait, comme je le disais d'autre part, des soldats laboureurs, il y en aurait davantage qui retourneraient au village. — Il faudrait faire tuer la viande sur place; elle coûterait moins cher de transport et serait plus saine, car dans l'espace de temps où la bête est enlevée de l'écurie jusqu'au jour où elle est abattue, l'effroi, les mauvais traitements, l'inquiétude lui donnent des maladies qu'elle nous transmet, sans compter qu'elle perd de son poids. Qu'on ne vienne pas dire que c'est pour la salubrité : les bêtes pourraient être examinées sur place tout aussi bien; et quand elles sont examinées, si la maladie n'est pas déclarée, le germe y est. — Que l'on n'amène que le nécessaire, que chaque commerçant fasse ses commandes à l'éleveur selon les besoins de sa vente.

Tout tend actuellement à tourner le sang aux animaux : après avoir bien souffert de l'inquiétude, des mauvais traitements que ces brutes qui les conduisent ne leur épargnent pas, ils arrivent à l'abattoir, où ils comprennent ce qui va leur arriver et comme dans la nature tous nous avons l'instinct de la conservation, il en résulte pour eux la fièvre et le sang tourné; on cherche souvent la cause des maladies; on la trouve à côté, on va chercher l'eau, mais on ne s'occupera pas de la viande. Bast! c'est une bête, est-ce que ça souffre? et puis on la tuera, demain, après-demain. De plus, comme partout on spécule, les éleveurs qui n'ont pas vendu ce qu'ils avaient amené sont obligés de les mettre en garde; ils paient pour leur nourriture, mais on ne leur donne que juste de quoi ne pas mourir de faim; tout cela ce sont des frais, et ça augmente le prix de la viande en retirant la qualité et la quantité.

Il pourrait y avoir des courtiers en viande comme il y en a pour le lait. Les animaux abattus devraient arriver avec le certificat des inspecteurs de commune. A chaque gare il y aurait un marché où les bouchers pourraient s'approvisionner. Je crois que dans les villes la santé y gagnerait.

Réunions communales, pas de politique.

Il devrait y avoir dans chaque commune un endroit où viendraient se réunir, les dimanches et fêtes, les travailleurs des campagnes. Il devrait y avoir un instituteur, un professeur d'agriculture; il y aurait des livres, des jeux; par ces moyens de distraction on éviterait cette habitude du café, qui prend de si effrayantes proportions.

Projet d'hôtel intitulé Hôtel de petits propriétaires.

Mettre en association, sous la dépendance du ministère d'humanité, je suppose 100 personnes apportant chacune 10 000 francs donnés en toute propriété à l'association, rapportant 2 p. 100; ces sommes feraient un million. Il y a beaucoup de gens qui, avec un petit avoir, ne peuvent vivre que misérablement, ils ne savent pas le placer, ont peur de perdre le peu qu'ils ont; d'autres le cachent, où se le font voler, quand ils ne sont pas assassinés. C'est à cette classe de la société que je voudrais rendre le service d'assurer son avenir. Au commencement de son installation, il est évident que les frais ne seraient pas couverts, mais au bout de quel-.ques années, chaque 10 000 francs restant acquis à la société finirait par fournir un capital qui permettrait de recevoir les petits propriétaires moyennant une modique pension. S'ils quittaient l'hôtel, ils n'auraient pas droit au remboursement, la somme versée étant acquise à l'association, seulement ils recevraient l'intérêt à 5 pour 100 leur vie durant. Il y aurait un directeur marié; lui et sa femme devraient tout leur temps à l'hôtel, lui serait l'intendant des maisons formant les revenus de l'hôtel.

Construire avant de démolir.

La coquette ville de Paris pourrait faire sa toilette sans nuire à personne si, avant de démolir un quartier, on commençait par en construire un autre, tout prêt à recevoir les expropriés. Paris a besoin d'air; qu'on lui en donne, sans nuire à ses intérêts. Les commerçants, les fabricants, les ouvriers, sont souvent bien ennuyés quand on les déloge. Où aller? Ce serait leur rendre service que de construire avant de démolir. Il y a beaucoup de terrains du côté des fortifications, où fabricants et ouvriers pourraient se loger; ceux qui veulent devenir propriétaires, trouveraient des maisons toutes construites, ce qui serait plus avantageux pour eux que de faire bâtir, car beaucoup se ruinent à faire bâtir; ils dépensent quelquefois le double de ce qu'ils ayaient prévu : il faut alors avoir recours au Crédit foncier, payer des intérêts, et s'il arrive quelque malheur, soit maladie ou autre calamité, on ne peut pas payer, il faut vendre, perdre, et souvent on se trouve ruiné.

Cercle des ouvriers, sans politique.
Paris pour modèle.

Un cercle par arrondissement sous la dépendance du ministère d'humanité; grand bâtiment, préaux, salles de lecture, écriture, calcul, avec professeurs, bibliothèque, gymnastique, ouvert dimanches et fêtes seulement.

Un marchand serait autorisé à vendre une boisson : dans 20 litres d'eau 1 litre d'eau-de-vie, citron, ou dans 20 litres d'eau 5 litres de vin, un sou le verre. Ne pas tolérer dans le club, un homme ivre; qu'il soit expulsé, le but de ces réunions étant d'éloigner le plus possible les hommes des cabarets, là où ils vont jouer, dépenser l'argent si utile au ménage, et en rentrant, gare à la pauvre femme et aux enfants! ce sont les victimes de l'ivrogne. Oui, il faut chercher tous les moyens pour diminuer ce fléau, l'ivrognerie, et je crois que l'on ferait un pas vers ce résultat en créant des réunions où les hommes trouveraient à employer leurs moments de loisir en société d'hommes rangés; ceux-là en attireraient d'autres, au lieu du contraire qui se fait actuellement, car quand un pilier de cabaret ou de café rencontre une connaissance, il ne manque pas de l'entraîner. Combien de gens croient qu'on ne peut rencontrer une connaissance sans l'inviter à prendre quelque chose! Alors l'autre se croit obligé de rendre le litre partagé. Cette habitude est plus absurde que polie, mais l'ivrogne est comme le duelliste : il se fait un faux point d'honneur; il a bu, il faut rendre de suite. Le duelliste qui croit son orgueil blessé n'hésite pas à tuer un homme, comme si cela le lavait de l'insulte; c'est un crime de plus sur sa conscience (s'il en a une), car comment peut-on se décider à tirer froidement sur un individu, si ce n'est dans une guerre reconnue juste et inévitable? Cet autre fléau, la guerre, finira peut-être par disparaître, mais quand? Dieu veuille que ce temps arrive, car il n'a pas créé les hommes pour s'entre-tuer.

Conclusion : établissez des clubs ouvriers, où les hommes et les jeunes gens trouveront des distractions sans pouvoir s'enivrer; que pour les riches les maisons de jeu soient autorisées, que l'entrée soit payée fort cher; avec cet argent on pourra installer des clubs ouvriers et l'argent restera en France au lieu de passer à l'étranger, où les gens riches vont jouer.

Le vote universel, je le révère, mais il a de grands inconvénients.

Je crois qu'il nous réserve de grandes calamités par rapport à l'âge. A vingt et un ans, les jeunes gens n'ont pas d'expérience, ils ne sont même pas majeurs : beaucoup de jeunes gens riches sont encore dans les écoles; nous savons ce que sont les étudiants, tous exaltés, se montant la tête entre eux. Les autres, soit ouvriers, soit employés, croient faire l'homme en faisant de l'opposition au gouvernement; tous ces jeunes gens n'ont encore aucune position sociale et, par leur nombre, préparent de grandes calamités.

Ne pourrait-on pas fixer l'âge de l'électeur à vingt-cinq ans? A cet âge, l'homme devient plus sérieux, et pense à s'établir, à se marier, il comprend le besoin de la tranquillité sans laquelle on ne peut rien faire, car les révolutions c'est la ruine de tous.

Les grandes entreprises.

Voilà le fléau de la société, voilà une source profonde de misères, voilà qui plonge des quantités de malheureuses dans la prostitution, qui empêche des milliers de jeunes gens de se faire une position. Impossible à un jeune homme travailleur, intelligent, ayant quelques capitaux, impossible, dis-je, de s'établir, il n'y a plus commerce possible, *tous sont accaparés* par ces immenses bazars. On se plaint que les affaires ne vont pas. Non, elles ne vont pas pour la plus grande partie des commerçants, mais ces immondes bazars brassent les affaires par des 20, 25 millions, il y a 4 ou 5 maisons qui englobent tout : ces accaparements de commerce font vivre l'étranger aux dépens de nos ouvriers; voyez l'article de Paris, qui occupait autrefois tant de monde; aujourd'hui ces maisons-là achètent à l'Allemagne; c'est moins bien fait, mais c'est très bon marché. Et puis, s'est-on jamais demandé comment ils opéraient? Voici leur manière de faire : aujourd'hui les administrateurs ont décidé de faire de très grands sacrifices sur tel et tel rayon, supposons la ganterie, les parapluies; tous les articles de ces rayons seraient vendus à perte, pour faire sensation et tuer les spécialistes. Qu'est-ce que ça peut leur faire de perdre de l'argent sur quelques rayons quand ils en ont cent autres qui gagnent par le fait de cette réclame. Bien entendu, quand ils sont maîtres de ces articles, ils reprennent leurs cours ; c'est au tour d'autres rayons : c'est ainsi que tout le commerce, aussi bien de Paris que de la province, est aux abois. Car les prospectus qui représentent tant d'avantages sont envoyés à profusion dans toute la France, et les femmes ne se rendent pas compte que tous ces prix ne sont que pour deux ou trois jours au plus, et elles viennent chez les pauvres marchands, disant : « Voyez, on ne peut plus acheter ici ; quelle différence de prix. » Quelques maisons réussissent à mettre les deux bouts, mais combien ont succombé? Ils exploitent les ouvrières; il n'y a qu'eux qui donnent de l'ouvrage; une femme habile arrive difficilement à gagner 18 à 20 sous chez elle, quand on pense qu'il faut ourler 6 douzaines de torchons pour gagner 18 sous, aller chercher et reporter l'ouvrage, et le tout à l'avenant. On ne peut plus être autre chose qu'employé; de là le nombre croissant de célibataires, par conséquent de faux ménages, de pauvres enfants élevés par n'importe qui, quand ils ne sont pas abandonnés. C'est, enfin, le renversement de la société, la suppression de la famille. On constate souvent le mal, et l'on met toujours le doigt à côté de la plaie, et quand il se trouve des hommes intelligents qui protestent, qui arrivent à convaincre des hommes influents qui pourraient remédier au mal, en proposant une loi qui protège le plus grand nombre, vite on étouffe l'affaire. Pourquoi?

Quelques-uns disent : la liberté du commerce, mais liberté n'est pas licence, et quand ça plaît à un membre du gouvernement, il n'hésite pas à proposer une loi que la majorité accepte souvent pour ne pas faire d'opposition.

Cette loi devrait être celle-ci : Dans un même local il ne pourra être vendu deux genres de commerce : ainsi là où on vendra des chaussures on ne pourra vendre de chapeaux ; là où on vendra des meubles on ne vendra pas de parfumerie, celui qui vendra des habits confectionnés ne vendra rien au mètre ; de même celui qui vendra au mètre ne vendra rien de confectionné, et ainsi de suite ; de cette façon la concurrence sera loyale, parce que l'on ne pourra pas vendre tel ou tel article à perte, puisque l'on ne pourra compter sur cent autres spécialités pour payer les frais.

Je comprends que l'on éprouve quelques difficultés à renverser cet état ne choses ; cependant on ne peut indéfiniment laisser tout le monde mourir de faim pour le plus grand bien de quelques accapareurs. Je me demande si on ne pourrait pas autoriser une société montée par actions, garanties par le gouvernement pendant dix ans. Cette société louerait dans le quartier, aussi près que possible de chacun de ces bazars (j'entends par là, le Louvre, le Bon Marché, le Printemps), toutes les boutiques qui seraient à louer ; la société les louerait à des commerçants, les uns marchands de parapluies et cannes, ou bijoutiers, ou fleurs et plumes ; marchands de chaussures, marchands de meuble, etc. Les grands bazars auraient un an pour liquider, écouler la marchandise ; après cela, ils auraient le droit d'installer dans leurs immenses locaux des espèces de halles, de marchés soit de tissus, draps, soieries, etc., tout ce qui se vend au mètre ; qu'ils en mettent pour 10, 20 millions s'ils veulent, c'est leur droit, mais qu'ils ne cumulent pas toutes les branches d'industrie, car c'est la ruine de tous.

Que l'on ne vienne pas dire : on augmentera les patentes. Voilà qui leur est absolument égal; les actionnaires toucheront un peu moins, les acheteurs paieront un peu plus, mais ils n'en vendront pas pour un sou de moins, et le commerce en général ne sera pas protégé. Tant qu'on tolérera les accapareurs d'industries la crise ira s'augmentant. Cependant dira-t-on, on achète. Oui, mais si 100, 200 millions d'affaires se font entre deux ou trois maisons, ce n'est pas la richesse du pays, c'est sa ruine.

Dans un pays, où on prêche la liberté, tout le monde est esclave, autrement dit employé, ayant une place le matin, le soir sur le pavé, hommes comme femmes. Étonnez-vous donc que la prostitution augmente! Étonnez-vous que le nombre des célibataires augmente! Est-ce qu'il est possible, est-ce qu'il est raisonnable de penser à se marier? Quand il est impossible de songer à se faire une position, quand il faut partir de chez soi à sept heures, n'y rentrer qu'à dix heures, et penser surtout qu'à tout instant vous pouvez vous trouver sans place. Il faut aussi savoir qu'à chaque fin de saison on renvoie un tiers d'employés; ceux qui restent attachés à la maison *doivent prendre un congé* d'un ou deux mois, chacun à tour de rôle; pendant ce temps il faut vivre. Il faut aussi réfléchir qu'on n'a pas le droit d'être malade.

La société dont je parlais, pourrait faire aux commerçants un bail de 2, 3, 6, 9, à un prix de.... La première période bénéficierait d'une réduction d'un quart, la seconde d'un demi-quart, la troisième serait payée intégralement; on pourrait aussi exempter la première période d'impôts, pour faciliter les commerçants.

A part les sacrifices qu'ils font tantôt sur un rayon, tantôt sur un autre ou au moment des expositions, ils ne vendent pas bon marché, et encore vendraient-ils meilleur marché qu'ils seraient toujours une plaie; c'est toujours la main-d'œuvre qui souffre. Si l'on doit encourager le bon marché, c'est sur les objets de première nécessité comme la nourriture.

Là, au contraire, on a trouvé le moyen de faire une loi pour supprimer un produit qui remplaçait avantageusement un produit plus cher; la margarine rendait de grands services à la classe pauvre : on l'a supprimée; pourquoi? pour protéger les gros.

Si on ne trouve pas le moyen bon, que chacun apporte son idée; le principal c'est d'arriver à rétablir la famille, l'équilibre, si nous ne voulons pas aller à la décadence, car la plaie du commerce est là; il ne faut pas la chercher ailleurs.

Les grandes entreprises comme les chemins de fer, les omnibus doivent être en société, ou elles ne pourraient pas exister; mais il est triste de voir, par exemple, les petites voitures appartenir à une société; quand un homme, un cocher ayant de l'ordre, n'étant pas un ivrogne, pourrait économiser pour acheter une voiture et un cheval et parvenir quelquefois à en avoir 3 ou 4. C'était une situation pour une quantité d'individus; aujourd'hui ce n'est plus possible : les sociétés en mettant en circulation par milliers; à ce changement personne ne gagne, ni les hommes, ni le public, ni les chevaux. Les chevaux sont plus maltraités parce que les cochers sont souvent malmenés et par conséquent de mauvaise humeur, et ce sont les malheureuses bêtes qui toujours souffrent de tout; la morale n'y gagne pas, car la brutalité est la mère de tous les crimes.

Le public n'y gagne pas : on ne peut abaisser les tarifs, parce qu'une grande société entraîne de grands frais de directeur, inspecteurs, employés de bureau; c'est le public qui paye tout cela. Et combien de ménages vivraient gentiment, élevant bien leurs enfants si l'on avait ces cochers propriétaires les uns de 4, les autres de 6 voitures, selon leurs moyens! Il y aurait moins d'ivrognes, moins d'accidents de voitures; les chevaux appartenant aux propriétaires seraient moins malmenés; on ne dirait pas qu'il y a plus de profit à les tuer de coups en voulant obtenir plus que leurs malheureuses jambes ne peuvent rendre, et en acheter un autre. Peut-on être plus barbare! On pourrait régler le prix des courses ainsi : le premier quart d'heure 70 centimes, le second 1 franc, trois quarts d'heure 1 fr. 50 et l'heure 2 francs; un cachet serait donné par le cocher au voyageur, qui le mettrait devant le cocher dans un tronc : ce serait la vérification.

Projet pour transporter les vieillards de Bicêtre et de la Salpêtrière en Algérie ou une maison par département.

Choisir les endroits où il fait le moins cher à vivre, où les communications sont faciles. Les bâtiments devraient être disposés pour faire vivre, chacun dans son ménage, 100 vieillards hommes et femmes, car c'est bien dur de séparer les ménages; ils savent se rendre mutuellement des services, chaque ménage aurait deux petites chambres, un cabinet et cabinet d'aisances; toute la maison chauffée par des calorifères, tout le monde mangeant au réfectoire pour éviter le coulage : quand on sert les unes et les autres séparément, il y a toujours de la nourriture perdue. Pour compenser l'éloignement, on pourrait obtenir des chemins de fer des bons de parcours à prix réduits pour les proches parents, mais bien souvent les vieillards qui tombent à la charge du gouvernement n'ont pas de famille. Ils jouiraient d'un bon climat, et puis je crois qu'il serait bien d'envoyer en Algérie toutes les maisons qui sont à la charge du gouvernement. Il faudrait autant que possible donner une occupation forcée aux vieillards, en rapport avec leur force. On ferait cultiver des terrains par les soldats, pour approvisionner la maison. Il y aurait un petit bâtiment dépendant de celui des sœurs, où il y aurait quelques fous; on les ferait travailler à la terre : je crois que c'est un remède à la folie, car dans le travail de la terre on comprend la nature, on comprend Dieu, on admire, on s'étonne, on réfléchit : cela doit ramener les idées.

Sur l'emplacement de Bicêtre pour des Ateliers.

Des ateliers pour hommes, femmes et enfants infirmes, des ateliers de tous genres, où tout ouvrier infirme serait admis. Personne ne veut les occuper, il y en a déjà trop parmi les robustes. Ce serait, je crois, une faible charge pour le gouvernement; je crois même que les ouvriers pourraient se suffire. Il y aurait une maison de vente pour leurs articles; ce serait comme un grand bazar, mais alors dans un but humanitaire; il y aurait un chef dans chaque atelier, et un directeur général, qui devrait rendre des comptes chaque mois au ministère d'humanité, sous la dépendance duquel la maison serait placée : Il y aurait des ateliers pour hommes et pour femmes; les travailleurs seraient payés aux pièces; ceux qui pourraient se suffire pourraient vivre chez eux; ceux qui, trop infirmes, ne produiraient pas assez de travail pour vivre, ceux-là mangeraient au réfectoire; ils pourraient payer à la maison en proportion de leur gain.

Dans le bâtiment, il y aurait un quartier où il y aurait de petits logements pour ceux qui pourraient vivre chez eux; ils paieraient un loyer modique. Pour les gens célibataires il y aurait dortoirs pour hommes, dortoirs pour femmes. Il y aurait bibliothèque avec lectures de différents genres, sérieuses et amusantes; des jeux, toujours pour occuper le temps loisible et éloigner du cabaret. Il y aurait une infirmerie dirigée par des sœurs : par ce moyen on pourrait défendre la mendicité à ces malheureux qui ne peuvent être acceptés nulle part, et qui, n'ayant pas de ressources pour vivre dans le travail, sont bien forcés de tendre la main, ce qui est mieux que de voler. Tout compte fait, je crois que cette maison ne serait pas une charge, puisque tous travailleraient selon leurs infirmités. Combien d'infirmes coûtent à l'État! soit par des secours, soit par l'hôpital ou l'hospice; ils ne seraient pas misérables et la société y gagnerait, car combien de ces malheureux commettent des méfaits, poussés qu'ils sont par la misère.

L'instruction; mes petits moyens.

L'instruction est nécessaire à tous assurément;
c'est pourquoi il faut avoir des moyens à la portée
de tous; — d'abord pour les écoles communales il
ne faudrait pas avoir des bâtiments qui contiennent
6 à 700 enfants : ils coûtent des prix fous : le budget
de l'instruction est très grevé. Ce serait bien moins
cher et plus pratique de louer ou d'acheter, selon les
ressources de la commune, 4 maisons pouvant con-
tenir chacune 150 enfants, un directeur, deux professeurs hommes, une directrice, deux sous-maîtresses,
un domestique homme, une femme; que ces maisons
soient placées de façon que les enfants soient à peu
près à égale distance, car c'est inhumain de faire
faire à de jeunes enfants une heure de chemin par
tous les temps; c'est imprudent, car il peut leur
arriver des accidents : on doit comprendre qu'une
femme qui envoie son enfant à l'école communale
n'a pas le temps de le conduire, d'aller le rechercher
deux fois par jour; ne serait-ce même qu'une fois,
elle ne le peut pas, il faut travailler. Non seulement
les enfants sont exposés aux accidents, mais encore,
quand ils s'en vont par bandes, les uns se battent, les
autres flânent; tous s'excitent et font l'école buisson-
nière. Voilà de mauvaises habitudes qu'ils ne prendraient pas s'ils n'avaient pas tant de chemin à faire.
Il y a aussi une catégorie de gens qui ne peuvent
envoyer leurs enfants à l'école régulièrement; je ne
crois pas que l'instruction obligatoire soit la liberté;
il y a plus fort, il y a la nécessité de manger : un
ménage qui a 3 ou 4 enfants est obligé de se servir

des plus grands, ils aident aux champs. Dans les villages, voilà mon petit moyen. Il y a des femmes n'ayant pas assez pour vivre, ou des veuves avec de trop petites pensions, qui n'ont pas de diplôme, mais qui ont assez d'instruction pour apprendre à lire, à écrire et à compter à des enfants de paysans. Sur leur demande, elles pourraient être nommées dans les villages, tenant classe deux heures le matin, deux heures le soir. Y viendraient hommes et femmes, garçons et filles; ce serait la classe de famille. On les logerait, elles auraient peu d'appointements. On rendrait service à tous ceux qui, n'ayant pu en apprendre assez étant jeunes, viendraient finir d'apprendre l'indispensable.

Créer dans les communes des endroits de réunion, avec jeux, lecture, surtout pas de politique; qu'il y ait des ouvrages qui soient intéressants, qui captivent l'attention en instruisant, soit sur l'histoire des peuples, les voyages, la science, — que tout homme arrivant en état d'ivresse soit exclu. — Il faudrait qu'un homme connu pour s'enivrer soit déchu de la qualité d'électeur ou tout au moins qu'il en soit privé pour quelques années, et complètement rayé s'il ne se corrige pas, car c'est affreux de penser à la destinée des femmes qui ont des maris ivrognes, auxquels on fait faire ce que l'on veut et qui le lendemain souvent ne se souviennent pas de ce qu'ils ont fait la veille; c'est déjà bien assez malheureux d'avoir des électeurs de vingt et un ans, jeunes gens au cerveau brûlé, qui n'ont pas encore de position, pas d'expérience.

Je voudrais que dans la journée il y ait une heure de repos pour les études, que cette heure soit employée par le professeur à l'instruction morale, c'est-à-dire à former la conscience des enfants, leur apprendre à écouter la voix de l'âme, leur conseiller de regarder souvent le ciel, espérant y voir Dieu qui a toujours son regard sur nous, apprendre aux enfants qu'il ne faut pas faire de mal aux animaux et s'en faire un jeu, car Dieu a établi la souffrance pour tout être afin de donner de la pitié aux plus forts.

Le ministère d'humanité, tant prêché dans mon manuscrit, représentant les intérêts de ce qui souffre, ministère d'organisation de la charité, devrait remplacer le ministère des cultes : chaque culte serait géré par son chef; pour le nôtre par un archevêque.

Dans ma conviction, la prière la plus agréable à Dieu, ce sont les bonnes actions; elles sont l'encens qui monte au ciel.

Je crois en Dieu, le maître, créateur de tous, résidant dans tout; je crois à l'appel de la prière par n'importe quelle religion. La prière est une parcelle de divinité qui nous met en rapport avec Dieu, car je crois que nous avons un sens divin qui nous fait comprendre ce Dieu. Chacun l'explique à sa façon selon ses impressions ou celles qu'on lui a données, mais Dieu comprend le langage de l'âme. L'influence de la prière réside dans les églises, dans les temples, de n'importe quelles croyances; l'influence de la prière doit rendre l'asile de la prière sacré, adoré, respecté, l'influence de la prière doit conduire au ciel.

Tableau de guerre; tableau d'enfer.

On veut abolir la peine de mort; on dit : nous n'avons pas le droit de détruire nos semblables; abolissez donc la guerre, l'affreuse guerre qui tue, qui brûle, assassine, vole, ruine tout le monde. Les gouvernements assument une grande responsabilité devant Dieu. Diplomates, abolissez à jamais la guerre, et alors vous parlerez de progrès.

La paix : le progrès; la guerre : la sauvagerie, la barbarie.

Ma confiance, ma prière.

Je crois que nous sommes doués en naissant d'une parcelle de divinité, que notre âme est son temple où vient se confesser la conscience, souvent en défaut par notre libre volonté, que nous conduisons souvent fort mal. Ce temple de la prière, nous l'embellissons de nos souvenirs, c'est là que nous prions pour nos regrettés, c'est dans ce temple où tous nos bons sentiments sont renfermés que nous prions pour ceux que nous aimons. Sainte amitié, don du ciel! c'est dans ce temple où nous venons demander des consolations, des conseils, des pardons, des inspirations, des bénédictions. Seule avec la pensée, la prière vous élève jusqu'à entendre un murmure secret qui doit être la voix de Dieu. Ce temple de la religion intérieure, religion de conscience et de confiance, doit être cultivé par n'importe quelle croyance; priez, priez, n'importe à quel moment, élevez votre âme vers son créateur; si le temps vous manque, que votre maison soit votre église, votre temple.

Éducation utile.

Il devrait entrer dans l'éducation des enfants de leur faire faire des promenades dans les bois, dans les champs, les faire herboriser, leur faire un peu d'astronomie en conversation pour leur faire admirer la lumière du maître de l'univers; ce serait une distraction utile au corps et à l'esprit. On ne saurait trop cultiver l'intelligence dans l'enfance. Graver de bons principes dans le jeune âge, c'est préparer une génération honnête.

Qu'est-ce que la société?

Dans mon français à moi, la société est formée de tous les membres de son pays. La patrie dit : défendez-moi si on m'attaque; vous êtes mes enfants. La religion dit : nous sommes tous frères, alors n'abandonnez pas ceux qui souffrent

Créez des ressources pour ceux de la grande famille qui en sont privés. Que tous les enfants que les parents voudraient abandonner, soit pour une raison, soit pour une autre, soient élevés par des sœurs aux frais de la société; ce serait plus logique que d'aller les chercher en Chine. Il y a les enfants orphelins de mère, il y a ceux que les parents détestent, qui sont victimes de mauvais traitements, il y a les enfants naturels, il y a les familles trop chargées d'enfants. — Tous méritent bien autant de sympathie que les petits Chinois. A chaque pays, la liberté de ses mœurs.

Je voudrais que tous les enfants malheureux de

notre pays soient les pupilles de la société, qu'ils soient reçus sans autre formalité que la date de l'entrée et un numéro, dans le cas où on les réclamerait; de cette façon, les enfants recevraient soins, éducation, et feraient de bons sujets, au lieu d'être le fléau de la société quand ils atteignent un certain âge, perdus qu'ils sont par la mauvaise éducation et les vices qu'ils s'inoculent les uns les autres.

On me dira : comment nourrir tant d'enfants? En Algérie, élevés par des sœurs, auprès des dames se vouant à cette bonne œuvre, cela coûterait moins cher qu'en France chez des paysannes qui s'en vont aux champs et abandonnent les enfants à toutes sortes d'accidents; on a des inspecteurs pour les surveiller qui coûtent cher et ne servent à rien. On a bien trouvé de l'argent pour la guerre et les désastres; que l'on établisse un impôt sur le revenu, sur le loyer des riches, sur le commerce; et alors la charité sera faite dans les proportions de la fortune; le socialisme sera expliqué dans le sens de l'ordre et de l'humanité. Par mes projets, au lieu de voir dégénérer la population, on la verrait s'augmenter en nombre et aussi en force morale et physique. Le pays pourrait se faire honneur de son humanité. On ne peut que gagner en attaquant dans son germe le vice, né de la misère. Ceux qui pensent que la noblesse a son sang de race, ne réfléchissent pas combien il y a de ce sang dans les enfants abandonnés. L'instruction sépare les classes et les capacités, mais les hommes sont les hommes : la fortune grandit, la misère dégrade, mais l'arrivée au monde est la même et la mort nous égalise tous.

Tout homme soldat, c'est la ruine du pays; les

arts, le commerce tout en souffre : un jeune homme ne peut plus se faire une position avant vingt-cinq et vingt-six ans. — En enrégimentant tous les garçons abandonnés à l'âge de douze ans, ils trouveraient une famille militaire, et laisseraient la famille à la famille. On pourrait forcer tous les jeunes gens de dix-huit à vingt-cinq ans à faire une fois par mois l'exercice militaire.

Projet de colonisation de l'Algérie.

L'Algérie coûte beaucoup d'argent et de sang; elle paierait ses dettes si elle offrait asile à tous les malheureux ayant besoin des secours du gouvernement.

J'ai donné une grande part à cette conquête : la vie de mon enfant, qui, avant d'aller en Algérie, avait assisté comme marin à l'ouverture du tombeau de l'Empereur à Sainte-Hélène.

Colonisation de l'Algérie.

Il faudrait que le gouvernement nommât cinquante hommes, ouvriers en bâtiment, choisis robustes et d'une conduite régulière, mariés (plusieurs d'entre eux devraient être toiseurs) et un horticulteur; on leur donnerait 5 francs par jour; ils contracteraient un engagement de dix ans, époque où ils recevraient la récompense des services rendus : 1200 francs de rente pour vivre où ils voudraient; la moitié à la femme en cas de mort, soit avant, soit après la retraite. Les hommes et les femmes partiraient aux frais du gouvernement et prendraient titre.

Les constructeurs.

Ils emporteraient avec eux tous les outils et ustensiles nécessaires à la culture et à la construction et
aux besoins du ménage; le tout fourni par le gouvernement. Il faudrait aussi nommer un architecte
marié, pour conduire les travaux de construction.
Les plans d'ouvriers devraient être faits d'avance à
Paris et soumis à une commission pour n'avoir qu'à
se mettre à l'ouvrage en arrivant en Algérie. Il
devrait être rendu compte à la commission des travaux exécutés. Il faudrait commencer les travaux le
plus près possible des villes, afin d'avoir aide et protection des militaires et des habitants. On commence-
rait un village par une caserne de 100 lits, une
chambre pour deux lits; la caserne devrait avoir une
infirmerie, un logement pour un médecin, une phar-
macie, un logement pour le pharmacien et des logements pour les chefs militaires devant occuper la
caserne. Ces logements devraient plus tard servir au
directeur et aux employés, car je fais entrer dans mes
projets celui d'un hôpital et hospice dans la caserne
quand les militaires devraient l'abandonner pour
suivre la construction et habiter la caserne du
second village lorsqu'ils le commenceraient, et toujours par une caserne. Le directeur et les employés
devraient être choisis parmi les officiers mis à la
rétraite et désirant ces emplois. La première caserne
finie, suivraient 200 maisons, 100 sur chaque côté en
ligne droite; une route au milieu plantée d'arbres;
ces maisons devraient être disposées en petites fermes
pour pouvoir y loger dix ou douze personnes exerçant

la culture et l'élevage des animaux ; au bout des cent
maisons, formant haie, cinquante de chaque côté, là
serait, la moitié du village : il devrait y avoir une
place en rotonde où il y aurait une église, une mairie,
des classes de garçons, de filles, un marché, un poste
militaire, des boutiques pour être louées soit aux
colons, soit aux naturels du pays, qui y vendraient des
marchandises en rapport avec les besoins des habitants. En exclure les cafés et cabarets ; seulement de
grandes salles avec jardins seraient disposées pour
être louées pour danser le dimanche. Celui qui y
serait vu ivre serait puni sévèrement. La musique du
détachement militaire composerait l'orchestre. Toutes
espèces de jeux pour les enfants comme pour les
grandes personnes y seraient offerts, mais aucun de
ceux faisant souffrir les animaux.

Les patriarches pourraient y conduire leurs
filles.

Lorsque la première partie du premier village
serait terminée, les constructeurs, leurs femmes, leurs
enfants qui auraient logé à la ville jusqu'à la fin de la
construction de la moitié du premier village pourraient
venir habiter la première partie du second village
jusqu'à ce que la seconde partie du premier soit terminée. Alors les constructeurs et leurs familles abandonneraient aux nouveaux venus la première partie
du premier village pour venir habiter la seconde
partie et continueraient par le même mode la construction d'autant de villages que possible. Aussitôt la
première caserne bâtie, il faudrait la faire occuper
par un détachement de soldats de l'armée d'Afrique
qui voudraient volontairement en faire partie, mais
il faudrait qu'ils connussent la culture ; ces soldats

auraient double solde et ils cultiveraient les terrains aussitôt que les toiseurs les auraient disposés et fait des limites à chaque ferme; ces soldats prendraient titre : **Soldats laboureurs.**

Si les soldats laboureurs voulaient contracter un engagement civil, il faudrait qu'ils se marient; à partir de ce jour l'engagement serait de 10 ans; alors ils seraient remplacés au détachement des soldats laboureurs par d'autres pris dans n'importe quel régiment, mais toujours volontairement et toujours dans l'armée d'Afrique.

Nominations par le gouvernement lorsque le premier village serait terminé et la moitié du second.

Le gouvernement enverrait pour peupler le premier village un médecin, chirurgien, un maître et une maîtresse d'école, tous mariés, qui logeraient sur la place dans des logements ayant été disposés pour eux. Le gouvernement enverrait cent jeunes ménages pris dans nos campagnes, dans n'importe quel département, qui, volontairement, voudraient se déplacer; qu'il envoie aussi cinquante ménages dans l'âge de cinquante ans, tous munis de bons certificats d'honnêteté et d'activité; ces derniers prendraient titre :

Les patriarches.

A l'âge des patriarches, la vue manque et il est difficile de trouver de l'ouvrage, bien que l'expérience et l'habitude du travail remplacent ce que l'âge a fait perdre. Les patriarches devraient spécialement s'oc-

cuper des animaux, de leur élevage, et que dans les
réglements faits pour la colonisation, il soit fermement
défendu de maltraiter les animaux, car il est impossible d'établir la moralité dans un pays où on a continuellement la méchanceté sous les yeux ; la brutalité,
la férocité des charretiers de Paris qui se vengent
atrocement d'avoir été un instant troublés par la
police ; je dis un instant, car ça dure si peu cet éclair
d'humanité ! je me croyais dans un autre monde.
L'habitude de battre s'inocule dans la vie en lâcheté,
c'est le fort contre le faible, lâcheté dont souffre la
femme, les enfants et tout l'entourage. Ce qu'il faut
aux masses c'est une égide conduite par une autorité.
Ordonnez que l'on protège les chevaux, et vous protégerez non seulement l'humanité, mais aussi les intérêts de ceux qui en possèdent.

Les chevaux sont une source de fortune, et souvent de
ruine pour les propriétaires. Je demanderai donc dans
mes projets de colonisation, de l'humanité pour les animaux. En ne leur faisant pas éprouver de souffrances
inutiles, ceux qui devraient servir à la nourriture seraient meilleurs et plus sains que ceux continuellement
révolutionnés par la crainte et des souffrances réelles.
Les patriarches seraient chargés d'emmener avec
eux deux ou trois jeunes filles restées orphelines ou de
parents trop pauvres pour pouvoir s'en occuper, ou
victimes de mauvais beaux-pères ou belles-mères, ce
qui est l'enfer du ménage, conduit les enfants au mal
et les abandonne au vice. Les patriarches seraient
chargés de protéger et de surveiller les jeunes filles ;
ils seraient aussi chargés d'emmener avec eux deux
enfants, garçon et fille, de l'âge de huit à douze ans, et
un nouveau-né, tous enfants abandonnés et élevés

dans nos campagnes aux frais du gouvernement, et souvent si mal en nourrice que c'est pitié de rechercher tous les maux qui découlent de cette source. En Algérie les enfants seraient bien élevés avec ce qu'ils coûtent en France; on paierait les colons pour eux jusqu'à l'âge de douze ans, car à cet âge ils seraient fils du fermier, aidant le père qui les aurait élevés; les pauvres enfants ne seraient plus graine rapportant la misère et les vices qui l'accompagnent; ils ne seraient plus victimes des patrons d'apprentissage spéculant sur l'absence de l'œil paternel et maternel; ils n'auraient plus le cœur vide d'affection, car ils auraient une famille à aimer et de bons soins à reconnaître, un pays à cultiver qui serait leur patrie; ils ne seraient plus à la recherche d'une famille que leur imagination place toujours au premier rang; ils n'envieraient plus le luxe dont ils se croient privés par l'injustice du sort, car ils ne connaîtraient pas le luxe dans l'âge des passions et des illusions, et c'est à cet âge qu'on les place en apprentissage, pauvres mouches prenant la chandelle pour le soleil; mais ils seraient élevés simplement par les patriachres, sous la surveillance des autorités de la colonie et travaillant du travail naturel que la nature réclame pour le bien-être de tous. A leur arrivée en Algérie, les patriarches et leur famille et celle des cent jeunes colons devraient trouver tout prêts le premier village, terrains et habitations, cent cinquante francs par ménage pour cent cinquante, les cinquante autres francs étant réservés aux soldats qui se marieraient, et prendraient possession après engagement de dix ans. Tous les colons seraient aidés dans leur travaux par les soldats laboureurs. Les patriarches devraient avoir

des fermes disposées pour élever des animaux.
Lorsque la seconde caserne serait terminée, les soldats
laboureurs quitteraient la première caserne pour
aller habiter la seconde, et ils iraient disposer les terrains du second village comme ils auraient fait au
premier; et la première caserne comme plus tard la
seconde, la troisième et ainsi de suite, servirait à un
hospice et hôpital; les soldats laboureurs avançant
toujours avec les constructeurs et chaque village terminé, l'envoi de France de jeunes ménages et de
patriarches recommencerait comme la première fois.
Les filles adoptives des patriarches, ou leurs filles
deviendraient de bonnes ménagères de campagne et
de bonnes mères de famille, au lieu de traîner la
misère dans les villes et d'être une charge à l'assistance publique, car c'est la misère qui, sous beaucoup
de noms différents, va peupler les hôpitaux. Bien au
contraire, elle enrichirait l'Algérie, qui serait leur
mère patrie.

Les soldats laboureurs qui voudraient se marier en
feraient la demande au ministère de la guerre avant
leur départ, ou ils choisiraient parmi celles du village; alors ils contracteraient un engagement civil de
cinquante ans et deviendraient à cette condition propriétaires pour dix ans d'une ferme et ses dépen-
dances, époque où toutes les fermes rentreraient à
l'expiration de chacun des baux au patrimoine du
gouvernement, que l'on vendrait ou aux colons ou
aux naturels du pays. La ferme devrait être rendue en
état et être louée à nouveau si elle n'était pas vendue.
La vente des fermes fournirait des fonds pour rem-
bourser la Caisse algérienne; un an après l'arrivée
des colons en Algérie, ils devraient payer imposition.

Le receveur serait le directeur de l'hôpital, qui sur sa demande aurait été admis à faire valoir ses droits à la retraite et qui pourrait remplir les fonctions de receveur.

Les contributions et les fonds de la Caisse algérienne aideraient à la construction d'autant de villages que possible; une fois le second village terminé, les soldats ayant occupé la première caserne du premier village viendraient occuper la seconde caserne du second village, et la première caserne du premier village étant évacuée, on la ferait occuper par des vieillards venant de France, hommes et femmes, pour ne pas séparer les ménages; et occuper aussi par les malades des villages. Les vieillards envoyés de France seraient pris soit dans ceux inscrits qui attendent leur tour, soit dans nos hospices et qui volontairement iraient en Algérie, où leur sort serait amélioré; soit aussi parmi les patriarches devenus infirmes ou qui désireraient la vie tranquille, s'ils avaient atteint l'âge de soixante ans.

L'Algérie, par son climat doux, convient aux vieillards et aux enfants, et tous ceux qui sont à la charge du gouvernement devraient y être envoyés : le gouvernement y trouverait beaucoup d'économie et les enfants et les vieillards beaucoup de bien-être dans le présent et dans l'avenir. En Algérie ils coûteraient peu et aideraient à la colonisation et à la consommation sur place, ce qui est l'avantage de nos petits hospices, et ils aideraient à la réussite des villages destinés à faire un grand rapport au gouvernement et un grand pas à l'humanité. Un si petit hospice n'a pas de frais de transport toujours si coûteux : tout se trouverait cultivé chez

7

eux; à cet effet on pourrait admettre dix personnes sur cent de l'âge de cinquante ans, à la condition qu'elles feraient le service de l'hospice, aidées des vieillards, chacun selon ses forces et ses capacités, mais tout le monde travaillant toujours sous la surveillance des sœurs, représentant ici la bonté divine.

Les hospices, les hôpitaux traînent péniblement la misère avec eux; l'assistance publique est insuffisante aux masses de souffrances. J'ai cherché à toutes les minutes de ma vie le remède à tant de maux; j'ai donné mes idées, mais les idées d'une femme sans nom titré, sans fortune, sans instruction, cela ne peut être de bonnes idées; cependant c'est parce que j'ai vu de près bien des misères que je les connais; si j'étais née dans une classe élevée, je ne connaîtrais ni le mal, ni le remède : le remède est un problème qu'un ministère organisateur peut seul résoudre. Qu'un ministère de tous les intérêts, ministère de prévoyance humanitaire soit créé, et la misère disparaîtra par l'organisation des grands bienfaits de l'assistance publique. Que les grands biens soient gérés par le ministère, et les dons particuliers viendront grossir plus qu'on ne pense ces ressources parce qu'il y aura confiance. La loterie au profit de la colonisation de l'Algérie et aussi du défrichement de nos départements sur le même mode que les villages en Algérie. L'assistance publique gérée par le ministère d'humanité, organisant les secours en grand, serait bien plus profitable qu'individuellement; individuellement ne devrait être qu'une exception.

Caisse algérienne par actions.

Le gouvernement pourrait former une Caisse algérienne, tout l'argent qui y serait déposé serait placé pour dix ans sans rapporter d'intérêt, ni pouvoir déplacer le capital; au bout de dix ans le capital serait remboursé, la somme triplée; si les actionnaires voulaient laisser leur argent après les dix ans expirés, leur argent leur rapporterait 10 p. 100. Le gouvernement, à cette époque, devenu propriétaire de tous les villages en plein rapport, se trouverait bien en mesure de faire profiter ceux qui par leur concours auraient aidé à ce grand progrès d'humanité. Sur cette caisse, il y aurait une somme allouée à tous les ménages quittant la France pour s'installer aux fermes qui se trouveraient disponibles dans les villages d'Algérie. Par tous les moyens que j'indique on peuplerait l'Algérie sans dépeupler nos campagnes, car les jeunes ménages qui partiraient seraient à n'en pas douter de ceux qui n'ont rien et qui, fatigués de végéter dans leur pays, se sentant souvent quelque valeur personnelle, croient bien faire en venant encombrer les villes, puis sont encore plus malheureux qu'au pays et deviennent à charge à l'assistance publique, sans bénéfice pour personne; les patriarches et les enfants qu'ils emmèneraient sont également des charges à l'assistance publique. En dégageant la France de ces misères et les aidant en Algérie, il y aurait profit pour tous. Pour détruire la misère la nature nous offre son sein, mais il ne faut pas laisser tarir son lait.

Les villages créés représenteraient les pays peuplés

depuis longtemps et représenteraient la famille, car il y aurait de tous les âges, et tous retirés utilement et volontairement de France, et tous profitables à l'Algérie autant qu'à charge à la France. Ils arriveraient là sans amitié entre eux, mais aussi sans haine, sans jalousie et sans envie, car la position serait la même pour tous; ils seraient venus librement, accompagnés de l'espoir, et tous choisis parmi d'honnêtes gens, laborieux, ce qui naturellement devrait établir la sympathie : l'équilibre devrait se maintenir, car ceux qui ne rempliraient pas les conditions exigées d'avance devraient être exilés des villages; les habitants ne seraient pas pays de canton, mais loin de la France tous les Français sont frères. Je crois que dans ces projets se trouvent l'humanité, la morale, la richesse; je les crois aussi d'un essai facile. L'Algérie devrait être la grande ferme de France; l'agriculture doit être la plus grande organisation pour détruire la misère. Autrefois l'agriculture était ingrate pour beaucoup de localités qui ne pouvaient vendre leurs produits; aujourd'hui il n'en est plus de même, les chemins de fer transportent tous les produits des campagnes; ce qui était perdu, qui restait à néant, ne profitait à personne, doit rapporter argent et bien-être dans les villes, et argent et travail dans les campagnes. Le travail de la terre, que j'ai souvent entendu rabaisser dans mon jeune âge, doit au contraire prendre le premier rang parmi les travailleurs. Le cultivateur est en contact avec Dieu, Dieu lui parle, lui démontre son existence dans son travail; Dieu, la nature et l'homme se comprennent. Le bien-être général serait encore bien plus grand si les chemins de fer coûtaient moins cher de transport : il faudrait que ces chemins appartinssent à l'État ou que l'État imposât un prix plus modéré aux administrateurs, et l'on n'y perdrait rien, parce qu'on voyagerait plus et qu'on expédierait davantage, et beaucoup de produits seraient envoyés tels que la datte qui reste à la campagne, car le port coûte plus cher que le fruit. Plus le cultivateur vendrait facilement son produit, plus il cultiverait et plus il défricherait, moins il déserterait son pays pour la ville, plus les populations profiteraient des bienfaits de notre siècle.

La justice pour nos villages.

Pour les villages de l'Algérie, code fait à Paris par une commission d'hommes appartenant au barreau et faisant partie honoraire de la commission algérienne établie au ministère organisateur des intérêts généraux.

La justice devrait se tenir chez le maire du pays; les juges seraient : le curé, le maire, le chef du détachement militaire, le médecin, l'architecte, le directeur de l'hospice-hôpital et un juré tiré au sort parmi les patriarches.

Après jugement rendu les pièces resteraient aux archives de la mairie, et copie en serait envoyée en France pour être soumise à la commission honoraire; pour des fautes graves, le règlement déporterait dans des pays désignés d'avance, et hors de portée de nuire à la société; les peines de déportation devraient s'appliquer aux patriarches qui manqueraient aux devoirs paternels qu'ils se seraient volontairement imposés envers les jeunes filles, leurs pupilles. Le Sahara pourrait être pays de déportation, avec zone militaire. (Mars 1851.)

J'ai perdu un enfant en Algérie; que l'Algérie aide à l'agriculture, à détruire la misère des vieillards, des enfants abandonnés, et je lui pardonne.

Copie d'une lettre adressée à Monsieur le Ministre de l'Agriculture, du Commerce et des Travaux publics (3 novembre 1855).

A mon idée, pour parer à tant d'accidents si souvent répétés, ne pourrait-on pas appliquer ce système :

A chaque station de chemin de fer, et entre chaque station, à distance raisonnée, il faudrait établir de petites tours surmontées d'un fanal à droite et à gauche de la tour, l'un pour le vient, l'autre pour le revient, et ne jamais changer les couleurs convenues; par exemple, lorsque la couleur serait bleue, le train pourrait marcher hardiment; lorsqu'elle serait jaune, il faudrait ralentir; lorsqu'elle serait rouge, il faudrait arrêter.

Ce petit bâtiment devrait avoir deux compartiments sans aucune communication pour deux factionnaires, un rez-de-chaussée pour bureau, un premier étage pour lit de camp, la tour pour faction; le service de la tour devrait être fait par des gendarmes de la localité qui seraient amenés et remmenés par le chemin de fer toutes les vingt-quatre heures : le poste serait composé de quatre hommes, deux pour la faction de la tour, deux pour les relever, et pour donner des ordres autour qu'ils auraient reçus au passage. Les ordres seraient donnés par un inspecteur de la tour; il devrait y en avoir un par convoi; en sortant de la gare, il prendrait l'heure du convoi qui va suivre, le transmettrait en donnant des nouvelles de la route, ce qu'il écrirait en vovage, et jetterait son rapport en passant devant la tour : les tours devraient être placées entre stations à distance raisonnée; le rapport serait ramassé par le fonctionnaire; l'inspecteur de la tour descendrait à chaque station, organiserait leur service de la tour, remonterait sur le train qui suivrait celui qui l'aurait amené; celui qui suivrait exécuterait la même manœuvre et de même le revient; les consignes seraient exécutées militairement.

Au moment où j'écris ce projet, on cherche des moyens pour éviter les accidents dont plusieurs voyageurs ont été victimes; il me semble que chaque wagon devrait avoir, en place de cloisons coussinées qui enferment des voyageurs inconnus les uns aux autres, un vitrage faisant voir clair d'un bout du train à l'autre; les wagons de première, loués à des familles, pourraient avoir des volets que les employés seuls pourraient ouvrir ou fermer à volonté.

Projet intéressant tout le monde.

Je n'ai pas peur de la mort; confiante en Dieu et aux lois divines, je fais de mon mieux et attends avec calme l'heure suprême, mais ce qui me torture, c'est la crainte d'être enterrée vivante. La léthargie existe, personne ne peut le nier; elle est plus effrayante que le choléra, et cependant je ne vois personne s'en occuper. Il y a des exemples que les médecins se sont quelquefois trompés et que par des hasards heureux il y a eu des personnes de sauvées; puisque cela a été, cela peut encore être. Cette maladie doit faire beaucoup de victimes et le remède serait de ne pas enterrer si tôt; c'est une organisation qui vaut bien la peine qu'on s'en occupe. Il faudrait dans chaque église une chapelle à cette destination qui serait gardée nuit et jour. On y déposerait les cercueils ouverts : huit jours au moins après le signe certain de mort, la cérémonie aurait lieu. J'ai lu dans la *Semaine religieuse* du 27 septembre 1864 un article utile à ceux qui comme moi ont peur de la léthargie, comme l'honorable Docteur je me fais un devoir de propager son idée. Voilà ce que j'ai lu; un médecin-major de première classe, M. Martinez, de Cordoue, vient d'en indiquer un nouveau qui semble décisif.

Le cadavre étant un corps inanimé rentre dans les conditions d'un corps inerte; il obéit strictement aux lois de la physique et de la chimie. Or tout le monde sait que l'eau chauffée passe à l'état de vapeur dans l'organisme. Les liquides sont nombreux quand le corps est en vie; on a beau chauffer, les capillaires, sous la forme vitale, épanchent les liquides qu'ils contiennent et remplissent les vésicules de sérosité. Si l'acion du feu se continue, il y aura destruction du derme et le suintement du liquide se fera encore, à moins qu'il y ait carbonisation. Sur le cadavre tout change; les capillaires ne laissent échapper que les liquides qui se trouvent à leur extrémité périphérique, mais le liquide chauffé finit par passer à l'état de vapeur soulève l'épiderme et quand la vapeur, a acquis assez de force expansive, la pellicule crève et la vapeur s'échappe. Chauffez donc la

plante du pied d'un cadavre à une flamme douce
comme celle que fournit le papier enflammé et vous
verrez bientôt tout l'épiderme se soulever en masse
et former une énorme boule remplie de vapeur. Ainsi
production de vapeur certaine quand le corps est
privé de vie; effet négatif, au contraire, lorsque le
sujet est vivant. On conçoit vite qu'un pareil moyen de
contrôle pourrait amener des lésions graves dans le
cas où la mort ne serait qu'apparente; aussi fallait-il
l'idée pratique pour en tirer parti. M. Martinez, de
Cordoue, diminue simplement l'étendue de la lésion
et procède comme il suit : il expose l'extrémité de
l'orteil ou d'un doigt à la flamme d'une allumette, ou
même d'une allumette-bougie dont la flamme plus
uniforme dure plus longtemps; il la maintient pendant quelques secondes à un demi-centimètre de la
peau : le soulèvement de l'épiderme ne tarde pas à se
faire et quand l'extinction est arrivée à son but, il
éclate avec un petit bruit sec et quelquefois avec
assez de force pour éteindre la flamme. La production de la vapeur est encore une fois un effet purement cadavérique, et dès qu'on l'a obtenu on peut
faire l'inhumation.

Ce procédé est très simple, très facile à employer,
et a le grand avantage de parler aux yeux : rien de
si élémentaire que de porter une allumette sous le
pouce à l'extrémité d'un doigt et de voir si l'ampoule
dégage de la vapeur. Tout le monde acceptera sans
répugnance cette brûlure très limitée qui suffira
dans tous les cas pour éloigner les craintes et bien
convaincre que le cercueil ne renfermera pas une
personne vivante.

Pour ma part je remercie ce docteur : c'est une

tranquillité de famille, si la négligence ne vient pas annuler les bonnes intentions de l'auteur, qui mériterait tous les honneurs que la reconnaissance publique peut élever. Sont bien coupables ceux qui sont chargés d'ordonner les visites aux morts de ne pas imposer par une loi ce moyen si simple.

Je voudrais voir le Panthéon rendu aux grands hommes, la patrie reconnaissante.

Le Panthéon rendu à sa première destination, je voudrais voir l'église Sainte-Geneviève rendue exclusivement à la patronne de Paris; Saint-Étienne-du-Mont, église comme toutes les autres. Le théâtre de l'Odéon ferait une belle église; comme théâtre il ne fera jamais rien. Il est trop retiré, le Luxembourg l'isole; tout ce quartier est habité par de vieux rentiers et aussi par les écoles; toute cette jeunesse bruyante ne demande qu'à respirer un autre air que celui des écoles. — Ce théâtre, je crois, ferait merveille au Théâtre lyrique.

DE LA RELIGION

Prière dédiée à mes enfants.

Mon Dieu, que votre influence divine daigne planer
sur mes enfants! Je vous supplie, mon Dieu, protégez-les. Conservez-moi ma place qui m'a été
donnée par vos inspirations divines, conservez-moi
la santé pour la remplir et être utile à mes enfants;
et quand ils n'auront plus besoin de moi, mon Dieu
à votre volonté; les autres peines de la vie je les sup-
porterai sans me plaindre; seulement, ô mon Dieu,
donnez-moi du courage.

C'est en se dégageant de tout préjugé, mais en
respectant tout ce qui a rapport à la divinité qu'il
faut chercher la vérité d'abord. Ne pas détacher la
religion de l'humanité sous aucun prétexte s'il y a
punition il n'y aura pas celle d'un autre.

Laissons cela au juge suprême; lui seul peut juger,
lui-seul peut punir. Je crois que tout parle dans la
nature : c'est donc elle qu'il faut interroger. Les souffrances de notre corps nous font comprendre celles
des animaux, et cependant on regarde comme faiblesse ou manque d'esprit d'y faire attention; peut-

être que je m'impressionne mal, mais cela ne peut nuire à aucun être vivant.

Je demande à la nature pourquoi cette crainte de la mort que même éprouve celui qui se détruit avant d'être arrivé aux périodes de dégoût. Il m'engage à croire à la métempsycose. Je crois me rendre compte que notre passage sur cette terre, pour arriver au ciel doit être fait sous une ou plusieurs formes; que notre punition si elle n'a pas été reconnue par nous et prier Dieu de l'effacer. Notre punition sera l'enfer, et le ciel la récompense de la vertu. Je ne crois pas que pour cela on doive respecter la vie des animaux, car en interrogeant encore la nature, notre appétit, celui des animaux; cette destruction de tout ce qui existe amène plus vite au but. Mais les souffrances que les méchants exercent doivent être punies. Je m'abandonne entièrement à cette manière de juger. Je n'en respecte pas moins celle des autres, car chacun pense comme il est impressionné.

Une chose qui m'étonne toujours, c'est d'entendre parler de Dieu avec assurance, ainsi que de ceux qui l'entourent, celui-ci à droite, celui-là à gauche, et cependant tout nous prouve qu'il n'a pas déployé notre intelligence jusque là. Ce que je dis est juste puisque les hommes du plus grand génie ne s'accordent pas et rient les uns des autres quand ils ne se font pas la guerre. Dieu est dans toutes les existences et les anime toutes. Il est étonnant aussi d'entendre dire que les animaux n'ont pas d'âme. Sous quelle forme la reconnaît-on pour en parler ainsi?

On dit que l'âme c'est ce qui ne meurt pas; donc le souffle qui nous anime, la pensée, l'intelligence ou l'instinct, tout cela pourrait bien être l'âme; mais les animaux ont tout cela; ils ont de plus que nous qu'ils semblent faire fête au soleil quand notre déraisonnement nous aveugle. Notre instinct naturel éprouve seul un mouvement de joie à sa vue.

Mais on n'adore pas celui qui se montre : le mystère convient mieux à toutes les petites intelligences.

Le Christ a vécu parmi nous, plein de grâces et de vérités; on le méconnaît; mais la vérité s'élève : le Christ-Dieu de la terre a montré le ciel.

Sur l'influence divine.

L'influence divine doit avoir été réfléchie, car le premier qui eut l'idée de donner la bénédiction a été trop bien inspiré, et il n'a pu croire que c'était sa volonté qui préservait les personnes, mais que la pensée élevée vers Dieu pouvait attirer l'électricité divine et l'influence divine sur la tête où la main protectrice était placée. Je voudrais savoir si un prêtre qui bénit tout un auditoire croit que c'est lui qui a un pareil pouvoir, ils n'ont pas tous un esprit supérieur, et le sot est si orgueilleux! L'influence divine est mon mot de religion; s'il était usité, il ferait réfléchir.

L'influence divine c'est une bonne étoile. Qui donc peut la conduire, si ce n'est Dieu? Si ce mot était bien compris, il préserverait d'une mauvaise action : on craindrait l'électricité divine, souffle de Dieu qui doit remplir l'air de toute sa puissance et peut de son influence vous punir, comme d'une bonne action elle peut récompenser. Ce n'est pas seulement en donnant de l'argent que l'on fait une bonne action car, chaque personne n'est pas en état d'en donner, et si

on n'est pas riche on ne pourrait donner que très peu
et en faisant du tort à soi et aux siens. Si l'on a de
l'argent en maniement, soit dans le commerce ou
autre part, on manquerait ses paiements : donner
de l'argent que l'on doit c'est disposer du bien des
autres; le nombre de ceux qui peuvent donner de
l'argent est petit. Mais on peut être utile par un bon
conseil, par une volonté toujours prête. On doit être
très avare du temps pour les plaisirs, très prodigue
pour rendre un service quand on ne peut rien personnellement pour un individu. On peut peut-être
encore par l'influence divine, en la priant de planer
sur sa tête, car cette personne peut n'avoir jamais
réfléchi à Dieu et mérité son influence, et je crois
qu'il faut que la pensée soit élevée pour l'attirer; aussi
je crois aux inspirations, aux miracles, visions : tout
est possible, on ne peut juger de la pensée des autres
pas plus que des sentiments des mères pour leurs
enfants. Il y en a de bien des degrés; plus la pensée
est élevée fortement, plus dans un moment de
danger le rayon peut nous atteindre. Je respecte
notre religion parce que ce mot est divin, mais elle
est remplie d'exigences, de vengeances, de contradic-
tions, de faste. Elle est contre la nature, quand au
contraire elle devrait être en harmonie avec elle.

Je respecte l'église et tout ce qui est temple, par
rapport à l'intention, et si je suis dedans, je cherche
un rayon de soleil pour m'adresser à lui, ou bien je
suis obligée de cacher ma tête dans mes mains pour
ne pas voir cette insulte à la misère. Les prêtres ne
devraient pas être riches, pour connaître les besoins
des pauvres; et alors ce ne serait plus un état, ce serait
une vocation. Ils devraient être pères de famille

afin de comprendre la tolérance, la plus belle des vertus, celle qu'ils ignorent. A quoi servent les grades (pour expliquer une religion qui devrait être simple)? A mettre les chefs en opposition avec les rois. Le pape, les cardinaux voient-ils Dieu de plus près que nous?

Sur notre impuissance. — Visions.

Quand d'un rayon lumineux je saisis mon moi, il me semble si petit que je crois m'éteindre. Je crois que nous possédons tous une partie de la divinité et que c'est cela qui s'appelle la vie; cela n'a ni chair ni os. Le souffle, la vie, l'âme voilà les mystères de la nature. Cette divinité nous anime, nous guide quand nous ne l'étouffons pas par nos vices et plus encore par l'orgueil de ne rien croire, pas même ce que l'on voit. Dans toutes les circonstances de la vie, les deux extrêmes se touchent. Les sots croient aux visions, Ils croient tout parce qu'il ne comprennent rien, mais ceux qui écrivent ou qui agissent dans l'intérêt de tous, il y en a qui ont eu des visions. Je crois que ceux-là ont une partie de divinité plus forte que les autres.

Pour bien comprendre la divinité, je crois qu'il faut avoir un esprit supérieur, être dégagé de préjugés, encore plus d'orgueil.

Ne pas faire aux autres ce qu'on ne voudrait pas que l'on fît à soi-même et avoir pitié des souffrances de ses semblables. Être toujours disposé à faire le bien pour le mal, non pas en oubliant ce que l'on aurait pu vous faire, mais en vous mettant au-dessus, et se servir de sa supériorité pour pardonner.

Être plein de confiance dans l'immortalité pour que celle qui nous anime puisse de son électricité divine atteindre la divinité. Moi, je sens, je comprends quand je prie. Il me semble avoir des rayons lumineux; sans doute effet de vue. La nuit, des fantasmagories m'effraient lorsque je suis sans lumière, mais une voix intérieure me parle, j'en ai la conviction.

La seconde fois que je l'ai entendue, j'étais rue Saint-Honoré. Sur le trottoir de droite, en face la rue de l'Arbre-Sec je priais Dieu d'une ferveur qui ne peut durer qu'un moment. J'étais veuve avec trois enfants, mon père et ma mère à ma charge. Je disais : Mon Dieu, une place au théâtre occuperait mes soirées : je faisais de petits calculs bien économiques de ce qu'il me fallait, et une voix intérieure me dit : *Tu l'auras!*

Je ne comprends pas que l'on puisse dire : telle chose était écrite là-haut.

Si tout est écrit là-haut, Dieu ne nous aurait fait qu'une machine dont toute l'existence serait tracée d'avance. Ceux qui sont voleurs, assassins, sont malheureux; au lieu de vous mettre en colère contre l'assassin de la personne que vous affectionnez le plus, prenez-lui la main et dites-lui : « Je suis bien malheureux qu'il était écrit là-haut que telle personne serait assassinée; mais il était aussi écrit que ce serait par vous; ce n'est pas votre faute, vous avez obéi à une puissance plus forte que la vôtre. » A celui qui ne veut se donner de peine et qui par cette raison ne réussit à rien il est si commode de dire : Cela était écrit là-haut ! O mon Dieu, vous avez donné de la raison aux hommes, et elle ne leur sert

qu'à déraisonner. Tout est ténèbres pour nous, tout
est mystère; nous n'avons de véritable lumière que
celle du soleil. Eh bien! nous le méconnaissons.
Soleil divin, tu es seul Dieu!

Je crois que tes rayons pénètrent le fond des
âmes. S'il y a erreur en cette croyance, au moins elle
n'est pas chimérique. Il est possible que notre
monde soit l'enfer pour beaucoup d'espèces qui
supportent ici la punition d'un autre monde, et
nous irons dans un meilleur lorsque nous l'aurons
mérité.

Tous ces amas de vie qui résident dans l'air me
font croire qu'il n'en sort pas beaucoup d'ici.

La métempsycose s'adapte à toutes mes réflexions.
La peur des morts qu'éprouvent quelques personnes sensibles m'explique encore que l'instinct
leur fait sentir que la vie n'est pas perdue et la destruction d'une espèce par une autre me fait croire
que la nature a voulu aller plus vite. Je crois que la
vie n'est pas plus de trois jours errante, ce qui
m'explique la résurrection de Jésus-Christ.

Tout le monde s'accorde à croire que notre corps
n'est qu'une matière, là-dessus point de discussion.
Mais la pensée qui guide, elle, n'appartient pas à
notre corps, ne sera plus en état de l'entendre; elle ne
s'enfermera pas avec lui dans quelques planches :
elle ira d'elle-même retrouver la grande partie de
la divinité.

Mais c'est en nous quittant que peut-être elle
avertit ceux qui nous aiment par un pressentiment
secret de la perte qu'ils ont faite. Je dis ceux qui
nous aiment, plutôt que parents, parce que l'amitié
émane du ciel. Lorsque l'on rit de l'intérêt que je

porte aux animaux je me sens, par suite de réflexions aussi promptes que l'éclair, enlevée par une pensée plus forte que moi.

———————

L'âme c'est la pensée, l'esprit, l'intelligence, l'activité, la vie qui anime tout cela! L'air : sans lui tout s'anéantit; à lui appartient notre vie. L'âme est à lui, qu'en fait-il?

———————

Les hommes ne devraient laisser échapper aucune occasion de faire du bien et d'empêcher le mal autant que possible. La destruction est sous nos yeux, elle-même peut nous atteindre; tâchons donc que notre cœur soit toujours disposé à l'humanité pour que Dieu soit disposé à l'indulgence. Il y a de grands mystères dans la nature!

Je méprise assez le monde pour tout lui pallier; je lui veux assez de bien pour tout lui sacrifier.

———————

Le mot pénitence est considéré comme pénitence après la confession; mais croyez-vous que Dieu ressemble à un roi à qui les ministres font accroire ce qu'ils veulent? Il y a bien de l'orgueil à l'homme qui se croit ce pouvoir. Il peut la faire espérer, mais la pénitence de l'homme c'est celle du père ou de la mère qui corrige l'enfant; cela n'atteint que le corps. Le raisonnement est plus fort sur l'enfant, celui qui est habitué à être battu, dis-je, en serait quitte pour être battu. Mais celui qui croit à la pénitence et à l'influence divine, une fois ce sentiment entré dans votre cœur, toutes les circonstances de la vie parlent. Tout est récompense et punition; il ne suffit pas de ne pas faire de mal à personne, il faut autant que possible; faire du bien, pas plus que possible, cela vous nuirait, mais si chacun faisait son possible, on ferait beaucoup.

De la superstition.

Cela est bien ridicule d'être superstitieux, c'est être bien faible, bien pauvre d'esprit; tous les jours cela se répète. Que de choses on dit sans en rechercher ni la source ni le sens! Un homme d'un grand esprit fait un ouvrage; il ne dédaigne pas de faire ressentir à son héros un pressentiment, il ne dédaigne pas non plus un talisman; de la sympathie cela rapproche de la superstition, et cependant un portrait vous a été remis, ou une bague, ou un simple papier. En vous le présentant on vous verrait la main parce que le cœur priait avec ferveur. Je crois véritable, mais qui ne peut durer qu'un instant, mais l'éclair de cette pensée est divine; pourquoi n'aurait-elle pas joint la divinité? On regarde comme superstitieux celui qui redoute d'entreprendre quelque chose le vendredi, le 13; eh bien je crois encore à cette influence; celui qui entreprend quelque chose un de ces jours et qui dit : « Je ne suis pas superstitieux, je me moque de ces ridicules », et il se met au-dessus, c'est ce qui le perd et semble dire à ceux qui y croient : « Tu avais raison ». Me jugeant d'après ceci, on dira : « Cette personne n'a jamais rien entrepris le vendredi ou le 13. » Eh bien! je ne sais si Dieu a voulu me faire comprendre qu'en ne le bravant pas, ces jours sont comme d'autres : je me suis trouvé dans une position bien pénible, et pour m'en tirer, il m'a fallu bien des démarches, et presque toujours elles se trouvaient le vendredi. Une simple pensée divine nous sauve, car il n'est pas possible de ne pas croire que celui qui gouverne tout a du pouvoir sur nous, et notre pensée n'est ni de chair ni d'os, elle n'a aucune figure, il n'est donc pas déraisonnable de croire que nous pouvons être inspirés. Si nous écoutons sa voix, toutes les pensées du monde entier sont une partie de la divinité qui à notre mort se mêle à la masse, si toutes ces pensées pouvaient se comprendre? mais non toutes les religions se tourmentent, mais qu'importe! chrétien, juif, mahométan, ou tout autre, celui qui prie comprend qu'il y a un Dieu.

Le riche entasse ou prodigue. Je ne dirai pas partagez, le partage ne peut jamais être égal vu la paresse, l'activité, l'économie, le désordre, la propreté, la saleté. Si l'on vivait en grande famille comme un grand homme l'aurait désiré, l'un aurait tout le mal et l'autre ne ferait rien, mais tout le monde peut faire du bien, les uns par un conseil, les autres par la bourse ou par les démarches : qu'une bonne action soit nécessaire pour que la pensée divine qui vous anime, vous protège de sa bonne influence, l'on donnera à cela le nom que l'on voudra; pour moi, je l'appelle l'influence divine qui doit rallier toutes les religions. Celui qui, voulant venger les offenses de Dieu s'arme pour faire penser aux autres comme il pense lui-même, je ne sais s'il est superstitieux, mais il est féroce et il prend son système pour le meilleur si toutefois il n'agit pas pour son intérêt. Je ne sais si celui qui croit aux visions est superstitieux, pour moi je crois tout possible dans la vie, dans l'existence, dans la mort, et notre intelligence est si petite pour expliquer les mystères de la nature.

Non, plus on a d'esprit, plus on a de grandeur d'âme, plus on doit se rapprocher d'elle; pas du tout, plus on a d'esprit plus on se met au-dessus d'elle. Tranchant toutes les questions, ne s'effrayant de rien, voilà l'homme d'esprit.

Homme d'esprit, rapproche-toi de la nature, protège les animaux, non pour qu'ils ne soient pas notre nourriture; la nature le veut en faisant comprendre sa volonté par notre appétit, mais pour leur éviter des souffrances. Que la crainte de paraître faible ne te fasse pas avoir la faiblesse de ne pas oser reprocher sa brutalité à un charretier qui fait supporter un supplice devant toi à un cheval; homme d'esprit, sois toi. La sympathie, la peur, la superstition, ne peuvent s'expliquer, il est plus facile d'en rire; cependant je demande s'il est une seule personne qui n'ait pas dit : Mon Dieu, inspirez-moi. S'il a réussi, il y a ingratitude s'il ne croit pas que Dieu l'a inspiré; s'il le croit vous l'appellerez donc superstitieux. Que faire? On garde au fond de son cœur le secret de cette confiance, et souvent on l'étouffe au lieu de lui donner de l'essor, d'être utile aux autres et de rappeler sur lui une autre fois l'influence divine.

Homme d'esprit, sois toi... Grand homme, sois toi. Bonaparte savait bien n'être pas jugé faible. Il vous a laissé voir ce que vous appelez superstition, et moi ce que j'appelle confiance à l'inspiration divine; homme d'esprit, sois toi. Les routines sont pour les faibles. La religion de mon cœur me dit que l'empereur avait des visions qui le mettaient en rapport avec Dieu. Ce divin-là ne meurt pas, il plane. Le peuple obéit à ce magnétisme.

Je mourrais d'émotion à la vue des souffrances des chevaux, s'il ne me venait souvent à l'idée que ce sont peut-être d'anciens charretiers qui subissent leurs punitions. Ma philosophie c'est le sentiment de tout rapporter à la nature.

Aimer et protéger sa race, est un sentiment d'orgueil, protéger les animaux, c'est véritablement de l'humanité.

Franchise.

Vous louez la franchise, et la franchise vous blesse; vous aimez la douceur et vous la tyrannisez; vous admirez la beauté d'un grand caractère, et vous cherchez à le rabaisser par l'envie que vous lui portez. Vous méprisez les gens faibles, et ce sont vos amis, parce qu'ils sont toujours de votre avis; vous méprisez les gens qui sont au pouvoir par la seule raison que vous n'y êtes pas. Vous confondez la colère avec l'énergie, tandis que l'une est le plus bas de tous nos défauts, et l'autre une des qualités qui émanent du ciel.

La colère dégrade, donne des mouvements convulsifs, détourne la raison; l'énergie, au contraire, se tait lorsqu'il n'y a pas utilité et réunit ses forces pour la défense utile; plus elle est animée par sa conviction,

plus elle reste calme, plus l'esprit trouve de défense;
la colère déraisonne, mais dans ce monde on confond
tout parce que l'on ne juge rien.

J'aime à dire ce que je pense quand il y a utilité.
La franchise n'est qu'un mot dont chacun se sert
pour faire ressortir le beau de son caractère. Il est
impossible de dire tout ce qu'on pense; par exemple,
un homme a une figure désagréable, il m'a l'air d'un
fripon : si je le lui dis, suis-je franche ou malhonnête?
La franchise c'est de répondre directement aux questions qui vous sont adressées; on est encore franc
quand on a le courage de dire quelque chose de
désagréable à quelqu'un dans l'intérêt de sa personne
ou dans l'intérêt des autres. Il y a encore de la franchise à se laisser emporter par un mouvement plus
fort que la raison, sans cependant que cela s'appelle
de la colère; quand un individu exerce sa force sur un
plus faible; le lui reprocher est à la fois une action
franche et humaine. J'aime la tolérance; d'abord j'en
ai besoin, mais je n'aime pas le vice; j'aime à voir
deux hommes avec deux enfants s'embrasser, deux
chevaux se caresser de leur tête. Tout ce qui est
tableau d'accord me porte à l'âme et me fait pleurer;
je n'ai jamais senti un mouvement de pitié pour un
homme ivre, il me fait horreur. Je pense tout de suite
que cet argent employé à le dégrader, a sans doute
privé un enfant ou de pain ou de vêtements. Je n'aime
pas à voir de gros chiens dans une maison misérable;
comme ils sont maigres! comme ils doivent souffrir!
Que je plains les pauvres chiens de chasse que l'on
condamne à la faim même quand ils ne chassent pas!
Qu'un impôt serait utile pour faire réfléchir ces
machines! C'est un tort de croire que la pratique de

toutes les vertus vous fait estimer; on est envieux de ceux dont on entend dire du bien. On rend ju..ice à un homme le jour de sa mort, trop de justice même. Je donnerai pour preuve une femme laide et difforme : on lui donne de l'esprit. Combien ai-je remarqué qu'elle était tout aussi stupide que d'autres. D'une belle, on dira elle n'a pas d'expression. La femme vertueuse n'est pas celle qui n'a jamais commis aucune faute; celle-là est souvent vaine d'un cœur qui n'a pas d'élan, et parce qu'il est resté calme bien plus que ses sens, elle croit qu'elle a eu beaucoup à vaincre.

Je n'aime pas une femme douce, elle est souvent hypocrite; être douce, c'est manquer d'énergie; la bonté a trop à se révolter contre la méchanceté pour rester calme. Je n'aime pas les gens colères, la colère ôte la raison et l'on ne sait plus ce que l'on dit. Je n'aime pas le duel. Deux hommes ressemblent à deux chiens que l'on lance l'un sur l'autre; les deux hommes pourraient se représenter sous les traits de la colère, et les deux chiens sur le peu de raison du duel; souvent ils se battent et ils ne savent pas pourquoi. Que j'aime à mépriser l'injure des gens que je n'aime pas et on doit s'entendre avec ceux que l'on aime. Si l'on se bat pour une femme, quand on aura tué son adversaire, cela prouvera-t-il que la femme est honnête? Si c'est parce qu'on l'aime tous deux, vous aimera-t-elle quand vous aurez tué celui qu'elle préférait? Exécration aux duellistes... les fléaux des familles.

Que je souffre quand une épingle qui attache ma robe me serre le cou! Je pense aux chevaux qui ont des colliers trop petits qui leur font des plaies. Si j'ai un soulier qui me gêne, je pense aux chevaux à qui on met des bandes de chiffons attachés avec des ficelles

serrées sans raisonnement. Si ma robe me serre la
taille, je pense aux chevaux qui ont une sous-ventrière
tellement serrée qu'ils ont le ventre tout saignant.
Ayez donc un air doux avec des réflexions qui vous
électrisent d'horreur jusqu'au bout des ongles! Si j'ai
froid, quoique bien vêtue, et que je voie un enfant tout
violet et à peine vêtu, je souffre jusqu'à ce que j'aie
éprouvé une émotion de l'âme; heureusement qu'il
me faut peu de chose, car les simples caresses de ma
chienne me font du bien. Je suis bien sensible aux
reproches; je fais l'impossible pour ne pas en mériter,
mais il est encore pénible de faire la réflexion que
plus on en fait plus on en exige. On est très tolérant
pour une personne incapable quand elle fait quelque
chose de bien : c'est une merveille, on veut l'encourager, on espère y arriver, et ainsi se passe la vie. Une
personne capable, si elle fait bien, fait son devoir;
la plus petite faute n'échappera pas. Que le monde est
injuste !

Je suis gaie par caractère, mais je ne fuis pas la
société des gens tristes et malheureux; ceux-là ont la
préférence. Je me fais un devoir de les visiter dans
l'intention de leur faire du bien, mais je ne me soumets pas aux visites de cérémonie ou d'usage. J'aime à
vivre libre dans ma pensée. Je ne rends pas visite pour
visite. J'ai peu de temps; il me faut des gens qui ne
soient pas exigeants, mais si je puis être utile, alors
on peut compter sur moi : on ne m'aura pas vue d'un
an, qu'on me verra tous les jours. Je n'ai jamais aimé
le bal; je ne comprends pas qu'on puisse s'amuser à
sauter. J'aime le spectacle, mais j'en suis privée par
raisonnement. Je n'aime pas à me promener et à
laisser à la maison quelqu'un des miens; aussi je ne

sors jamais pour promenades. Je ne connais l'ennui que lorsqu'il faut que je tienne conversation avec des gens stupides : ils sont souvent si prétentieux! Il n'y a pas d'esprit ni de beauté possible pour moi sans la simplicité. Je déteste que l'on mette une différence dans la manière de parler à un riche ou à un pauvre.

L'honnêteté fait tant de bien aux malheureux! Il semble qu'ils ont reconnaissance d'un mot aimable qui leur est adressé. Je n'aime pas les gens oisifs; si j'étais riche et sans occupation, je ferais des layettes pour les malheureux, je tricoterais des bas de laine pour eux, l'hiver des gilets de laine; au lieu d'avoir des fleurs venues contre nature je leur achèterais du bois.

J'aime le théâtre pour les mœurs lorsque les tableaux ne tendent qu'à redresser le genre humain à lui faire voir ses ridicules, mais je n'aime pas les pièces qui apprivoisent avec le crime, par exemple les pièces de MM..... Je n'en ai pas vu, Dieu m'en garde. Quand un individu a été voir à la Porte-Saint-Martin cet amas de crimes, s'il n'a commis qu'un assassinat ou s'il n'est que voleur, il sort se croyant un honnête homme en comparaison de ce qu'il vient de voir. Je soutiens que c'est apprivoiser avec le crime. J'écris ceci en 1839; mon idée est fixe, il y a eu de nombreux assassinats dans le quartier depuis la représentation de ces pièces. Personne ne peut nier l'influence que doit exercer le théâtre sur notre moral. Que disent les gens sans éducation? « Les grands sont de grands scélérats et nous n'en sommes que des petits », et de là le mépris de ce qui devrait leur servir d'exemple. Que de pareilles pièces soient représentées au Théâtre Français; ce n'est pas le théâtre populaire : les riches connaissent le but et l'histoire de ces pièces.

J'ai visité les produits de l'industrie. Je ne puis comprendre en voyant toutes ces machines comment il ne vient pas à l'idée d'un seul homme d'inventer une mécanique qui puisse se placer sous une de ces voitures lourdes qui ne peuvent se faire traîner par les misérables chevaux qu'à force de coups de fouet. Ils sont là, attelés du matin au soir, pour subir le supplice le plus affreux; la condamnation est générale sur les chevaux et il est peu d'hommes qui tressaillent aux coups de fouet, et dans ceux qui les remarquent, personne n'ose rien dire, sous prétexte que cela ne les regarde pas. S'ils voyaient voler une cerise, cela les regarderait bien; cependant un charretier fait plus de tort à son maître par la destruction du cheval qu'un enfant qui vole une cerise à un fruitier. Où donc loge l'humanité? Hélas! je pourrais ici résumer la question : pourquoi l'homme avance-t-il plus en connaissance qu'en morale? La morale et l'humanité, cela devrait être la même chose, mais la morale existe en parole et l'humanité est sous les pieds de l'orgueil et de l'égoïsme, parce que l'on craint d'émousser sa sensibilité qu'on détourne les yeux de tout ce qui est malheureux; et de l'orgueil, parce qu'on veut se mettre au-dessus du mouvement d'humanité; c'est faiblesse de plaindre un cheval, un chien, si au-dessous de nous par son espèce et si semblable par les souffrances; c'est faiblesse de plaindre un misérable qui l'est sans doute par sa faute, et puis, si ce n'est pas sa faute, cela trouble, il vaut mieux ne le pas regarder, et puis ce n'est pas, pour ainsi dire, la même espèce.

La différence ne devrait exister que par l'esprit et les qualités. C'est faiblesse de ne pas relever avec orgueil une offense et d'aller se battre pour la laver dans le sang de son adversaire. Non, on ne lave pas avec du sang, mais on salit. Tout cela ne dit pas que je suis étonnée de n'avoir jamais entendu parler de médailles pour le mécanisme de la charrette, chose si utile à nos besoins. Il semble qu'ils soient eux-mêmes mécanique et qu'à coups de fouet tout cela doit marcher. J'ai tous les jours la tête à la torture pour trouver des moyens; je les oublie, ne pouvant les faire exécuter, mais si j'avais des chevaux, devrais-je leur mettre un chariot les jours de gelée, je le ferais, tant par humanité que pour moi-même. Il me semble qu'une charrette n'a pas besoin d'être élevée : cela n'est qu'incommode à charger.

Je crois qu'il est utile que les roues soient à la hauteur qu'elles sont; peut-être plus basses, cela ôterait du tirage, mais la charrette pourrait être comme un coffre, ou bien encore à cinq roues, une dessous, ce qui empêcherait la voiture de tomber, et les passants ne seraient plus exposés. Il faudrait que le cheval n'ait que le tirage et non la charge.

On ne s'occupe pas du supplice causé par les vêtements des chevaux, puisque les brutes qui les habillent ne font pas la moindre attention. On devrait forcer tout propriétaire de chevaux de travail à avoir une espèce de chemise de cuir, ce qui l'empêcherait d'être blessé. Dans un pays ou l'on parle de mœurs douces on devrait éviter à l'œil humain tout ce qui serait puni dans un pays barbare.

Il y a des assurances sur tout, et il n'y en a pas sur les chevaux, eux qui sont la fortune de ceux qui les possèdent pour gagner leur vie. Je comprends que toute assurance recule devant de si grandes difficultés mais il n'y a rien d'impossible avec de la bonne volonté. Il faudrait que le gouvernement fixât les charges suivant les espèces de chevaux, fît des lois qui protègent les victimes, que les droits de vente des chevaux soient assez forts pour que l'individu ait intérêt à soigner les siens ; que tout cheval paraissant au marché soit vendu à l'équarrisseur par autorité ; que celui qui maltraiterait son cheval d'une manière révoltante soit appelé en police correctionnelle ; que les amendes payent ceux chargés de les surveiller. Ces conditions établies, on trouverait des hommes, si ce n'était par humanité, au moins par spéculation. Les mœurs y gagneraient : les charretiers habitués à battre du matin au soir sont de mauvais exemples pour les enfants. Pour faire la part de tout, il faut du jugement, et le jugement est plus rare que l'esprit. On exige qu'un commerçant fasse vérifier ses mètres, ses poids, ses mesures ; pourquoi n'en ferait-on pas autant pour les propriétaires de chevaux, et ne les forcerait-on pas à faire visiter par la police, au moins une fois par mois, leurs bêtes. Les blessés ou les trop vieux seraient abattus.

Prière.

Mon Dieu, je vous en supplie, inoculez l'humanité dans le cœur de l'homme pour effacer chez lui la méchanceté, la misère et la souffrance volontaires faites aux animaux.

Prière.

Mon Dieu, si je suis digne de vous prier, que votre protection plane sur la tête de mes enfants et sur ceux qui leur font du bien.

Dieu, son corps.

Je crois que c'est l'immensité des mondes; le soleil ses yeux; les eaux, son sang; les vents, son haleine; qu'il fait renaître sous une autre forme celui qui vient de quitter la vie : je crois, c'est-à-dire que je ne sais pas ce que je crois. Le soleil est bien assez grand pour être Dieu; ses rayons, des yeux qui vont plonger dans le cœur de tout ce qui existe. Philosophie divine, âme divine, je crois quelquefois t'atteindre; puis, comme effrayée de mon audace, je me replie sur mon petit moi; toutes mes illusions s'effacent, de bien grande que j'étais alors que je ne pensais pas à moi, c'est à peine si je puis me retrouver.

De la voix intérieure.

L'homme a reçu de la nature tout ce qu'il faut pour réfléchir, pour comprendre la partie de la divinité par la pensée qui parle à l'âme que Dieu lui a prêtée. Je ne crois pas que l'on puisse tout comprendre également; nous n'avons pas tous le même esprit, ni la même intelligence, pas plus que la même beauté, ni la même force, ni la même santé.

L'organisation des individus paraît n'être pas propre à recevoir la même quantité d'esprit ou de

divinité selon que l'on voudra, mais tous peuvent
réfléchir, se faire une loi de justice intérieure, croire
qu'on doit rendre compte de ses actions à cette voix
qui émane du ciel et qui, retournant à sa source
revient nous animer de nouveau, nous inspirer au
bien, et si nous ne l'écoutons pas nous sommes souvent punis par où nous avons péché. Je m'éloigne
peut-être de la vérité, mais je reviens à mon but :
c'est le travail de la conscience.

De la religion.

La religion est indiquée aux enfants selon celle
de leurs parents, selon celle de leur pays; puisqu'il
y en a beaucoup, elles ne peuvent pas être toutes
bonnes : qu'arrive-t-il? Quand vous ne l'aimez pas,
vous ne la pratiquez pas. Rien ne m'a plus fait réfléchir sur la mienne que d'entendre dire qu'il ne fallait
pas l'approfondir; je crois, moi, que Dieu défie toutes
nos petites intelligences; toute notre théorie n'at-
teindra jamais la divinité. Je respecte la confiance
de tous, mais pour moi je cherche à me rapprocher
autant que possible de la nature, et je crois que la
conscience a un écho qui retentit au ciel.

Je crois à la parole du Christ, je crois qu'il est le
fils de Dieu.

Il n'y a pas de belle âme avec de l'orgueil; il n'y a
pas de belle âme sans fierté.

———

Otez les cendres de votre cheminée l'été, et cela sera
de la propreté; mettez-y des fleurs, l'odeur de la fumée
partira comme ça.

L'amitié me paraît sous la forme du Saint-Esprit, elle vient du ciel, s'épanche sur le cœur de celui qu'elle en croit digne; mais lorsque l'exigence veut l'enfermer, elle s'envole et retourne d'où elle émane.

Avec de grands mots on fait de bien petites choses : *patrie* est celui qui donne le plus d'élasticité au cœur, parce qu'il part du ciel, mais il est mal interprété, car tout sentiment venant du ciel commande l'humanité. Le soleil éclaire notre terre; tous ceux qui le voient sont nos frères. Qu'on l'appelle Dieu, qu'on l'appelle soleil, qu'on l'appelle comme on voudra, toujours est-il que sa grandeur n'est pas imaginaire et que personne ne peut nier sa protection. Il existerait un accord universel, si on l'adorait comme Dieu et que l'on adorât comme ses enfants tous ceux qui ont été inspirés, qui ont fait des miracles et qui ont prêché la morale, qui se sont sacrifiés pour prouver leurs convictions. Qu'il serait heureux pour le monde entier de croire que ces rayons, qui font éprouver au cœur une sensation naturelle à tous, viennent demander compte de nos actions! Alors la pensée deviendrait plus forte que la volonté et le bien dominerait le mal.

Pourquoi les grands prophètes, les envoyés de Dieu, les inspirés de Dieu, n'ont-ils pas cherché à rapprocher leur conviction pour éviter des querelles religieuses qui ne peuvent être agréables au Père tout puissant, créateur de toutes choses? Faut-il donc toujours attendre le Messie, qui n'en dira pas plus?

Prière.

Mon Dieu, je doute du cœur des hommes, mais n'ai-je pas raison? A chaque pas je vois la misère de mes semblables, les souffrances des chevaux : c'est un collier qui leur entre dans les chairs, c'est une sous-ventrière qui leur coupe le ventre, c'est une ficelle qui leur garrotte les jambes, c'est une charge qu'ils ne peuvent bouger qu'à force de coups de fouet. Quel angoisse ils doivent éprouver! Je regarde autour de moi; tout le monde est calme; je me dis : ces hommes-là se disent civilisés, ils s'appellent race humaine, ils parlent de mœurs douces; non, ce sont des barbares, des orgueilleux; il ne peut leur venir à l'idée qu'un animal d'une autre espèce peut sentir la douleur comme eux.

Mon Dieu, inspirez-leur l'humanité.

Vous leur avez donné une libre volonté; qu'ils s'en servent donc pour faire le bien et empêcher le mal; pour moi je ne puis rien.

Mon Dieu, je vous remercie de ne pas leur ressembler.

Prière.

Mon Dieu, planez sur cet enfant qui, loin de sa mère, n'a pour le protéger que ma prière.

Prière.

Mon Dieu, pardonnez-moi si j'accuse les hommes dans ma pensée que je crois retournée vers vous; vous la trouvez révoltée contre tel ou tel acte d'humanité;

je ne leur en veux pas : mon plus grand désir est de persuader que c'est un devoir de venir au secours de celui qui souffre; tous les jours je vous prie pour me donner la persuasion.

Je cherche la source de tout le mal, et je crois qu'il vient de ce qu'on ne réfléchit pas assez et de l'habitude commode de laisser aller les choses comme elles veulent. J'ai eu la preuve qu'un charretier brutal est quelquefois un brave homme; j'ai connu des pères et mères qui battaient leurs enfants et les aimaient : cela provient de ce qu'ils n'ont jamais réfléchi que battre est un mouvement de colère qui ne prouve que de la barbarie et de la fanfaronnade; avec de la réflexion ils se persuaderaient que la souffrance qu'ils font endurer à leurs enfants ne sert qu'à les rendre plus faibles et plus méchants. L'autre qu'à faire des ennuis à la famille de celui dont on les aura privés : il est si malheureux d'avoir des ennuis ! on a si souvent besoin les uns des autres !

De la richesse.

Le riche tient à ce qu'il a; aussi celui qui croit possible le partage de la fortune est dans l'erreur. De même, tout ce qui dérange les idées sociales est impossible; sa voix ne sera jamais comprise généralement.

Les douceurs de la vie que se donnent les gens fortunés, les plaisirs, ils n'y renonceront pas. Jugeons toujours par nous-mêmes : nous tenons à l'objet de la moindre valeur lorsqu'il nous vient d'un proche; pourquoi ne tiendrions-nous pas à la fortune qu'ils nous auraient laissée? S'ils l'ont amassée par leur travail et leur industrie ou leurs privations, nous y tenons plus encore. Nous avons tous le sentiment de garder ce que nous avons, à moins que l'on n'ait le vice du désordre, et ces gens-là sont nuisibles; partout ils envient tout et ne gardent rien; mais en masse que de bien on peut faire!

Vous qui voulez établir de nouveaux systèmes, c'est que votre cœur est grand, qu'il souffre de la misère des autres, qu'il ferait les plus grands sacrifices pour réussir. Cherchez des moyens, mais respectez les intérêts; priez le génie qui vous inspire; priez aussi, vous qui souffrez des douleurs des malheureux, vous qui souffrez à la vue d'un enfant à moitié nu dans les plus grands froids, et à qui il ne vient pas à l'idée de dire : ils y sont habitués. Cherchez; il faut chercher quand on y a réfléchi, quand on vous y a fait réfléchir, cela devient un devoir; cherchons donc, l'union fait la force.

Prière.

Lorsque je suis en voiture, les idées m'abondent; si j'avais été riche j'aurais fait miracle, et si j'avais une voiture à moi et que je sois seule, je m'initierais avec la divinité; mon âme est disposée à la prière, je prie Dieu avec ferveur : il me semble qu'il me répond. Je dis : O mon Dieu, descendez dans mon cœur, vous n'y trouverez de haine pour personne. Non je ne veux de mal à personne, pas même à ceux qui torturent mon existence, pas même à ceux que j'entoure d'égards, de soins, d'amitié et qui me couvrent de ridicule et qui sont sans pitié pour moi. Telles peines, telles souffrances et telles fatigues que j'éprouve, mon Dieu, je

leur pardonne et je vous prie de les pardonner, car
je crois que l'on fait mal quand on ne fait pas tout le
bien qu'on peut faire. En voiture, j'ai les yeux fermés;
je retrempe mon courage, je prie avec calme, mais
quand je les rouvre, toute cette tolérance disparaît,
mes sens sont révoltés à la vue de la méchanceté de
ma race, car on ne peut faire un pas sans voir un
pauvre animal attelé dans un instrument de torture.

Eh bien ! je crois que l'amitié, l'intérêt que je porte
à mon espèce, après le mépris qu'elle m'inspire, vient
du sentiment d'égoïsme naturel à l'homme.

Prière.

Influence divine, planez sur mes enfants, protégez
ceux qui leur font du bien. Mon Dieu, je comprends,
je ressens les effets de votre divinité, et ma faible intelligence ne peut l'expliquer.

Prière.

Mon Dieu, je sens l'influence de votre divinité; elle
parle à mon imagination, à mon cœur; elle guide ma
conscience, elle me console de mes fautes involon-
taires, elle me donne la force de supporter les travers
de ceux qui m'entourent; je crois à vos inspirations
par la prière qui les appelle sincèrement; je voudrais
bien avoir assez d'influence sur mes semblables pour
leur persuader que le plus grand malheur du monde
est de ne pas assez interroger, étudier et écouter
cette voix intérieure qui lui parle. Il est une vérité
que personne ne peut nier, c'est que nos idées ne nous
appartiennent pas; nous ne savons pas ce que nous

penserons dans un instant, mais notre volonté nous appartient, mais nous lui donnons trop de pouvoir; aussi elle nous conduit souvent au mal en flattant notre orgueil. Si l'éducation était dirigée de ce côté, chacun aurait dans sa conscience son confesseur et sa pénitence dans la punition d'une faute méritée, et l'absolution prolongée pour notre conscience; elle est si bonne, si tolérante, étant souvent en conversation avec elle! elle nous dit bien paisiblement nos fautes, elle écoute notre défense, et là est le tribunal de Dieu. Soumettons-nous donc aux punitions méritées, et lorsque les hommes nous accusent, c'est souvent à la vertu qu'ils s'attaquent; mais qu'importe si notre conscience nous dit : Dieu t'a pardonné! Soyons calme car elle va au ciel, revient tant qu'elle trouve ressource dans notre âme! Ah! alors cela m'explique, à moi, bien des choses.

Imagination.

Je me promène avec mes idées, mon imagination me conduit vers le ciel, espoir des croyants; j'admire cette belle route grande, large; j'imagine qu'elle s'appelle celle des vertus; je voudrais savoir, dans tous ces voyageurs qui la suivent droit, s'ils auront une autre demeure que ceux qui sortent en foule des sentiers qui conduisent à la grande route. Je crois que notre place est fixée avant notre voyage. Voilà comme je crois à la destinée d'après nos actions; le destin d'une autre vie, cela doit être comme dans notre monde. Dans les rues de Paris, chacun se dirige vers son local brillant ou misérable; mais là cela doit être bien autre chose : la conscience, le tribunal de Dieu que je crois être l'appareil de la divinité, doit donner la feuille de route à l'âme. Cette grande quantité d'étoiles, on dit que ce sont des mondes ; il doit y en avoir autant que de nuances dans les caractères, et de là l'explication du proverbe qui se ressemble s'assemble. En admettant cette réflexion comme une vérité, notre monde serait une épreuve, on y resterait jusqu'à changement d'une volonté ferme au bien ; peut-être même prendrait-on d'autre forme pour vous mettre en enfer ; un charretier et même un beau cavalier pourrait bien être cheval. Si on voulait croire cela possible, on rendrait moins malheureux les chevaux, crainte d'arriver à leur position. Je m'attache à cette idée : elle n'a d'autre inconvénient que de heurter l'orgueil. Vouloir le bien mène au bien.

Prière.

Mon Dieu, je vous en supplie, ne m'abandonnez pas, donnez-moi du courage. Ce courage, celui qui m'a fait supporter tant de peines sans altérer ma gaieté, je crains de le perdre tout à fait ; ce n'est qu'avec la prière que je le retrouve un peu ; disposez-y mon cœur, car souvent je suis si épuisée que je ne puis prier.

Je crois qu'il faut être appelé à la prière, car celle qui nous vient du cœur fait éprouver des émotions qui ne peuvent se renouveler souvent. Sans doute, dans ce moment, votre attention est vers nous ; je vous prie, mon Dieu, ne m'abandonnez pas, portez quelquefois votre attention vers moi, vers mes enfants. Prier pour ceux que l'on aime, c'est prier pour nous; protégez-les, s'il vous plaît, et vous me protégerez. Si j'avais du temps, il me semble que je pourrais expliquer la prière de l'âme.

J'ai écrit anonymement à monsieur le préfet de police plusieurs de mes projets. Dans l'un je lui disais : les combats de chiens me paraissent dangereux pour la morale et la rage, les animaux sortent furieux, ils peuvent occasionner des accidents, et pour les spectateurs il y a grand danger; tout ce qui habitue l'œil à la férocité est de mauvais exemple; un enfant qui a vu guillotiner, s'il a pu voir en face le supplicié, a fait un pas vers le crime. Dans un autre projet je lui ai parlé de mes idées sur les pièces de théâtre; je lui ai donné le plan des voitures basses, avec les roues hautes; aussi la première que j'ai vue m'a fait éprouver une grande satisfaction. C'était une voiture de roulage des Messageries royales. Je lui ai aussi parlé de l'inutilité des diligences hautes, qui causent tant d'accidents, car la hauteur ne sert qu'à les faire verser. Je n'ai pas la prétention de croire que toutes mes idées sont bonnes, mais si j'en ai eu quelques-unes, cela me commande de les faire connaître. Je cherche de si bonne foi à être utile! Je lui ai aussi dit que là où il y aurait quelque difficulté pour les voitures basses, comme par exemple les omnibus, on pourrait mettre au bout du limon de la voiture une chambrière bien fixée solidement qui entrerait dans le brancard avec un chapeau au-dessous pour l'empêcher de sortir. Que la chambrière ait une petite roulette dessous et une petite virole de 6 pouces de haut plus ou moins calculée pour que la chambrière porte à terre en descendant sans gêner le mouvement de la voiture.

Il serait bon que la sous-ventrière des chevaux limo-
niers soit clouée d'un côté sous le brancard et vienne
se rattacher de l'autre côté; elle serait moins serrée
et plus soutenue. La sous-ventrière n'est pas bien
utile, car on voit des voitures dont les chevaux n'en
ont pas; et d'autres où les chevaux ont le ventre en
sang, coupé par la sous-ventrière ou pincé entre deux;
s'il n'y a pas urgence toujours, il y a grande souffrance et grande insouciance. Il faudrait deux cham-
brières faites sur le même modèle; qu'elles soient
placées à la charrette, le limonier ne tomberait
jamais écrasé sous la charge, et on pourrait même
mettre sur le dos des autres chevaux une petite selle
où tiendrait de chaque côté une chambrière qui les
empêcherait également de tomber. La gelée ne serait
plus aussi dangereuse et pour les maîtres et pour
l'humanité. Ne pourrait-on pas encore essayer d'un
cuir très fort cloué au brancard devant, allant passer
dans un fort anneau en haut de la voiture et venant
joindre de l'autre côté du brancard? Le cheval serait
soutenu, joint au brancard et à la chambrière qui sou-
tiendraient la voiture; ni l'un ni l'autre ne pourraient
tomber. Dans une autre lettre je disais à monsieur le
préfet de police que l'affiche concernant les chiens
était toujours comme les années précédentes; moi
qui par caractère cherche toujours la source du mal,
je la vois dans le danger des chiens perdus, et ce
n'est pas la muselière des chiens muselés qui garan-
tira quelqu'un d'être mordu du chien perdu ou du
chien du misérable qui ne peut le nourrir. Un impôt
de 5 francs les ferait réfléchir; qu'à ceux qui ne
peuvent le payer, il soit défendu à l'avenir d'en
élever de nouveaux; que tous les chiens soient

porteurs d'un collier gravé au nom du maître, avec son adresse : il n'y aurait plus de chiens errants; celui qui serait sans collier serait sans maître et on le détruirait. On ne verrait plus ce bon animal exposé à la faim, à la rage et nous aux affreux accidents qu'elle cause; on n'aurait pas le désagrément de se voir voler son chien par des brigands soutenus par la police et qui vous font plus de mal que s'ils vous volaient votre bourse. Je n'en sais rien mais je suis persuadée que ce vol n'existe qu'en France. J'ai lu quelques jours après l'ordonnance du collier avec le nom du maître, et voilà tout. Le combat de chiens est toléré et l'humanité toujours chassée.

La mode si souvent renouvelée pour la race soi-disant humaine est toujours la même, sans doute, depuis des siècles, bien que très mauvaise pour les pauvres chevaux. J'ai démontré à monsieur le préfet de police que le collier qui fait céder la nature en donnant sa forme au col doit donner des souffrances inimaginables; il me semble qu'ils auraient bien plus de force si leurs mouvements restaient libres. Par exemple qu'au brancard de la voiture la sous-ventrière soit clouée et venant s'attacher de l'autre; qu'au bout du brancard soit un large cuir bourré; en marchant cela ferait un collier; qu'également au brancard de derrière il y ait un large cuir bourré, cela servirait à reculer : alors le cheval n'éprouverait plus de ces souffrances auxquelles on n'a pas l'habitude de faire attention. J'ai aussi écrit à monsieur le préfet de police pour attirer son attention sur la maladie léthar-

gique, qui peut comme le choléra revenir de temps
en temps plus fréquente. Est-ce contes de journaux?
mais depuis quelque temps on a beaucoup parlé des
accidents qui auraient pu arriver en telle ou telle
circonstance, mais peut-être en est-il arrivé réelle-
ment. C'est trop que cela puisse arriver; cela regarde
tout le monde, pauvres et riches. Je disais qu'il faudrait
avoir dans chaque cimetière un endroit où chaque
mort serait déposé pendant huit jours, que sur chaque
bière soit gravé ou peint le nom de l'individu, et
enterré ensuite selon l'idée de sa famille.

J'ai peut-être encore écrit à monsieur le préfet de
police d'autres choses desquelles je ne me souviens
pas. Si j'ai eu la satisfaction de voir quelques-uns de
mes projets exécutés, cela me dicte des devoirs : je
place l'échelle de l'humanité et je dis : « Montez, elle
mène au ciel. » J'y crois, pour moi.

Je voudrais qu'il existât une décoration portée par
le peu d'hommes qui ont suivi Napoléon, attirés par
son influence presque divine, dans son lieu d'exil.
Ces hommes ennemis d'eux-mêmes vont soupirer dans
un lieu d'exil, ces hommes admirateurs du grand
consolateur, du grand représentant le cœur de leur
nation, ces hommes rares passent auprès de bien des
Français sans que leur cœur tressaille, parce qu'ils
ne les connaissent pas. Une décoration leur attirerait
le salut de reconnaissance, et après eux cette décoration serait déposée sur leur tombe. Que le prince de

Joinville qui nous l'a ramené soit porteur de cette décoration, et je suis sûre que tous les Français diraient : « Merci, Louis-Philippe, merci. » Nos enfants apprendraient à ce tombeau que si la guerre a sa gloire, les grandes actions ont aussi la leur.

La Paix.

Où réside la paix? Je n'en sais rien. Notre imagination nous en parle : sans doute elle est dans le ciel. Si l'on pouvait l'attirer sur la terre! Mais notre orgueil lui barrera toujours le passage. J'ai rompu mon caractère vif pour m'entourer de la paix autant que possible. Bah! c'est encore pire; ceux avec lesquels on l'achète deviennent exigeants comme un marchand qui a trop de chalands. La paix n'est pas dans les petits intérieurs; elle n'est pas dans les familles; elle n'est pas dans les communautés; elle n'est pas sur les trônes, car ce n'est pas avec la guerre que l'on attire la paix. Elle se montre quelquefois aux personnes simples, mais c'est pour leur donner l'espoir qu'elles la retrouveront plus tard. Mais elle ne reste pas plus avec elles qu'avec les autres; il faudrait s'entendre et on la retiendrait en brisant l'orgueil.

La paix, la tolérance, l'espoir, l'amitié, la voix intérieure, la conscience, l'esprit, sont des parcelles de divinité. Prions Dieu de les répandre.

———

L'orgueil des hommes les fait révolter lorsqu'on les compare aux animaux; cependant Dieu a mis autant de soin à les former qu'à nous former nous-mêmes. Je comprends que l'on ne compare pas les petites intelligences aux grandes, mais que l'on amoindrisse les douleurs et qu'on se demande compte des souffrances inutiles.

De la Nature.

Le sentiment de tout rapprocher à la nature me fait étudier les animaux; leur instinct naturel n'est pas égaré par les belles et nombreuses paroles de médecins; aussi n'importe quelles indispositions ils éprouvent, on les voit manger des herbes purgatives. Sans doute ils imaginent que ces herbes vont chercher le mal pour l'évacuer; je crois que cela est préférable à tous les moyens connus pour changer le mal de place, car n'importe où il est, il incommode; cela me fait réfléchir que je n'ai jamais entendu parler d'une plante qui évacue le sang, la nature l'a peut-être oubliée? Mais elle n'a pas oublié celles pour purger, car il y en a des mille. Cela parle tout seul. Mais on n'est pas habitué à parler avec la nature; elle est si simple! elle ne pourrait sympathiser avec tous les amalgames de poison que l'on nous donne pour nous faire vivre. Mon bon sang repousse les médicaments. Mon bon sang, encore un mot naturel; mais il n'y en a plus de bon sang maintenant. Le sang a toujours tort; c'est lui qui incommode tout le monde : aussi le temps est passé où on disait en proverbe : je donnerais une pinte de mon sang pour une chose telle ou telle. Maintenant une pinte de sang se jette dans la fange, et avec lui la force morale et physique, avec lui la gaîté, la santé; que reste-t-il à l'individu ? L'humeur noire, source de tant de crimes.

En Angleterre on glace le sang des jeunes enfants, on les élève à moitié nus, lorsque dans la nature animale toutes les mères couvrent et réchauffent leurs petits, ne les exposant au froid que quand ils sont élevés; quand ils sont élevés, en Angleterre, on les couvre de flanelle.

De l'éducation des femmes.

La mauvaise éducation des femmes leur donne une fausse position dans le monde. Une femme n'a-t-elle donc pas autant d'esprit qu'un homme? Quand une femme s'occupe de politique on la ridiculise; alors il faut qu'elle cache ce qu'elle pense, car il n'est pas possible qu'elle ne pense point, et comme ses intérêts et ceux de son mari sont les mêmes, en admettant qu'elle soit assez raisonnable pour ne pas s'occuper de coquetterie, défaut si ruineux et dont on rit, bien qu'il entraîne la perte de bien des gens. Si une femme est auteur, il faut qu'elle écrive bien pour se faire pardonner d'avoir de l'esprit.

En France l'homme ne veut pas d'un conseil de femme, ou il se cache bien pour le recevoir. Il en recevrait de bons si l'éducation de la femme était mieux dirigée et qu'on ne l'habitue pas toujours à dissimuler ce qu'elle pense. Plus une femme est capable de choses sérieuses, moins il y a de frivolité dans son intérieur. Les Anglais, ces hommes si froids. se laissent gouverner par une femme; ce n'est donc pas dans la nature, mais dans l'habitude que la femme ne doit pas s'occuper de choses sérieuses. Je suis pourtant bien de l'avis des Français de ne pas se laisser gouverner par une femme, car alors si une femme est reine, une autre peut être ministre ou générale. La femme peut être l'amie de l'homme, son conseil, mais elle ne doit pas être son chef.

La terre est pour le physique ce qu'est le ciel pour le moral. La saleté trouble l'air atmosphérique, on ne peut le nier; ne pourrait-on pas admettre aussi que l'amas de souffrance qu'on fait supporter aux animaux trouble l'air divin et nous rend le ciel difficile. Si on pouvait faire comprendre aux chevaux que notre race s'appelle race humaine, ils ne pourraient pas s'expliquer ce que c'est que l'humanité.

Les bons et les mauvais penchants.

Après y avoir bien réfléchi je crois que nous naissons avec de mauvais penchants; nous arrivons dans le monde avec les défauts qui nous y ont jetés et nous n'en sortirons que quand nous serons devenus meilleurs. Je crois que Dieu a de l'indulgence pour la jeunesse et peu pour l'âge réfléchi.

Je crois aussi que l'on est puni par où l'on a péché.

Évitez donc des souffrances aux animaux avant de leur ôter la vie, crainte de passer dans leur espèce.

Notre vie tient à un fil; attachons l'autre bout à l'humanité par la pensée, qui, je crois, va au ciel.

Les souffrances sont horribles.

Mon Dieu, faites-moi mourir sans souffrir, car j'ai connu la pitié.

Il y a dans la nature des métamorphoses bien connues, mettons l'orgueil de côté et cherchons.

Je crois que pour bien comprendre la divinité, il faut tout mêler, toutes les religions ensemble, la métempsycose surtout. Tout ce qui a été dit sur la religion a été réfléchi par différents esprits. Tous ont le même droit à la confiance ; tous nous naissons sans connaissance de la divinité, mais avec l'instinct de son existence.

Un sens divin communiquant avec Dieu semble me dire : mon secret est si simple, et comme tu es simple tu m'as compris.

Le hasard, il me semble, peut bien être conduit par la prière ; mais, abandonné à lui-même, il partage indistinctement le mérite ou le rang, la vertu ou le vice. Si on se reportait à la source de bien des fortunes on trouverait que ceux qui la possèdent ne la doivent souvent qu'au hasard, petit mérite, bien petit, qui ne prend du poids qu'autant qu'on a beaucoup d'or. De l'or, j'ai beau le regarder, le retourner, je ne lui vois que le mérite qu'on lui donne si on l'enfouit dans la terre, mais le mérite en sort toujours ; il y reste, on l'écrase, on l'abaisse, on l'humilie, on le nie. S'il n'est soutenu d'or on veut l'étouffer, on l'étouffe presque, mais le peu qu'il respire ce sont des étincelles. Mais, hélas ! ces étincelles ne brillent pas pour lui. L'esprit sans conscience s'en empare ; j'en ai de bien grandes preuves ; il faut se rendre à l'évidence que si l'on n'a pas de mérite par soi-même, celui qui a de l'or le remplace par le métal : alors il devient précieux vulgairement.

Si on possède de l'esprit sans fortune, il faut gagner sa vie, et le temps manque au développement. L'esprit comme le soleil a ses rayons; celui qui les reçoit à sa naissance est doté de Dieu. Mais si la position empêche de prendre l'essor, cet esprit est tourmenté, on sent ce que l'on vaut. Le sort paraît injuste, la mauvaise influence peut perdre; si la misère opprime, l'esprit rend encore plus malheureux et peut rendre dangereux.

Si l'instruction manque partout, par exemple mettre s au lieu de t, l'esprit reste timide, craintif. Je juge par moi; si j'avais été riche j'aurais posé mon cachet sur mon passage en cette vie par le bien que j'aurais voulu faire. Le riche est le seul qui puisse jouir avec avantage de l'esprit quand il en reçoit en naissant, mais le plus souvent l'orgueil s'empare de lui : il croit que tout cela lui est dû, quand au contraire il devrait croire qu'il en redoit aux autres, c'est-à-dire protections et conseils; mais avec de l'esprit il faut du jugement; l'esprit fausse, mais le jugement jamais. Le jugement est toujours simple, mais timide, il n'ose pas mettre la main sur les routines. Il y aurait tant à faire à moins que l'esprit ne le soutînt!

Mais alors à lui tourments, persécutions. Toute sa vie, son nom sortira du tourbillon lorsqu'il n'y sera plus. C'est ainsi que chaque siècle blâme les précédents d'avoir méconnu le mérite sorti de telle ou telle position. Moi, faible femme sans instruction j'attaque ces routines; que l'on me juge comme on voudra, depuis à peu près 1832 ou 1833 ou 1834 (mauvaise habitude de ne pas dater), je jette toutes mes idées à la volée; si quelques-unes ont germé, j'en

remercie Dieu, car elles trouvent écho. Il y a à faire
pour mettre l'humanité dans la balance avec l'orgueil
et la personnalité. Toutes ces idées m'appartiennent
et n'ont été influencées par aucune lecture; c'est toute
nature; s'il y a de l'esprit, c'est encore nature.

———————

La plus grande partie des républicains veulent
l'égalité avec ceux qui sont au-dessus d'eux, mais
non avec ceux au-dessous d'eux; mettez-les au pouvoir
ils deviennent pires que les autres. Mais ici je m'arrête pour rendre hommage aux républicains que l'esprit de droiture conduit; ils déplorent les difficultés
par rapport aux nombreux intrigants, car il faut le
dire, la république est un bel idéal condamné par
les ambitieux qui en son nom font tant de mal par
les révolutions.

Si j'étais née riche, j'aurais eu du temps et
j'aurais peut-être écrit des choses intéressantes. J'aurais eu de l'occupation, car bien des volumes ont
reçu leur naissance et leur tombeau dans mon imagination. J'ai la conviction que j'aurais écrit des
choses utiles, car il est impossible d'avoir plus de
bonne volonté, et je l'aurais vouée à l'humanité. Dieu
m'est témoin que je n'ai jamais envié aux riches que
leur temps. Si j'avais été riche, lorsque j'aurais ren-
contré un charretier poussant à la roue aux mon-
tées, au lieu de supplicier son cheval de toutes
espèces de souffrances, je lui aurais donné 5 francs.
Il aurait fallu que cela se répète bien des fois pour
faire 100 louis, somme si ordinaire à Paris. Cette
somme répandue dans les familles de braves gens
serait acte d'encouragement à l'humanité.

Si j'avais été riche, j'aurais pu beaucoup, car j'aurais voulu beaucoup.

Prenez donc pour punition à quelque faute que ce soit de regarder seulement pendant huit jours les chevaux attelés aux tombereaux et aux voitures de moëllons, et si vous y pouvez quelque chose vous y porterez remède.

L'inhumanité exercée sur les pauvres chevaux est la source de la barbarie exercée par les charretiers sur leurs femmes et leurs enfants. Les animaux doivent subir leurs punitions selon leur race ; si c'était démontré à l'enfance, on l'apprendrait à réfléchir. La religion de l'humanité s'applique à toutes les religions. (Août 1845.) Je cherche toujours, mon Dieu, aidez-moi.

Il faut veiller avec les idées de philosophie pour bien s'en rendre compte ; c'est pourquoi les idées des autres sont quelquefois d'une grande ressource. Les prophètes ont dû nous transmettre de belles réflexions ; j'aimerais mettre toutes les petites intelligences à même de comprendre de grandes choses en les expliquant simplement, ne serait-ce que sous le voile de la fable. Quand j'étais jeune, je me révoltais : il me semblait qu'on insultait Dieu quand on disait que nous naissions avec le péché originel ; il n'était pas dans ma nature de croire que Dieu nous punissait des fautes du père Adam ; c'est comme si aujourd'hui on voulait me prouver que parce qu'il y a un assassin dans une famille il faut qu'elle en soit responsable. Comme nos lois ne font pas de pareilles injustices, pourquoi donc Dieu serait-il moins bon que nous?

Août 1845. Je cherche toujours.

Je crois que nous revenons ici jusqu'à ce que nous soyons dignes d'un meilleur sort; mais ce n'est pas avec de l'inhumanité que nous nous rachèterons. Aussi Dieu envoie des épidémies pour détruire en masse. Dieu a mis son tribunal dans notre conscience; elle nous conseille au bien, elle a le désir du ciel et voudrait nous y conduire, mais nous ne l'écoutons pas. Il semble que la vie ne doit être que plaisir et ne doit jamais finir; sans doute le plaisir est encore un bienfait de Dieu, mais l'humanité à ses commandements, puisque nous éprouvons tous les mêmes besoins, les mêmes souffrances. Dans leur orgueil les hommes croient les animaux d'une autre nature que nous : c'est une autre espèce, mais non une autre nature; le même soin a présidé à leur existence; comme nous ils sont sensitifs. Il me semble que si les animaux pouvaient dire ce qu'ils éprouvent, ils nous mettraient sur la voie du salut, car je crois qu'ils ont l'instinct de leur punition; ils ont tous le désir du pardon, et ils nous l'accordent bien souvent, eux, après les mauvais traitements que nous leur avons fait endurer. Mais Dieu ne l'aura pas voulu pour que chaque espèce arrive de sa propre impulsion, ou bien encore est-ce notre orgueil qui nous empêche de porter nos recherches de ce côté. Cependant on les

admet comme symbole. Moi, qui cherche toujours le
but de la vie, je me dis : la vie c'est la vie, et pour tous
ceux qui la possèdent elle ne se perd pas. Cela posé
dans mon petit moi depuis longtemps; toute petite
je me rappelais avoir été de la race que je suis, et
puis quelquefois je me rappelais avoir été d'une
autre race; il ne m'en est resté que le regret de ne
pouvoir dire que l'on est dans l'erreur sur le jugement des animaux. En effet, quoi de plus inhumain
que d'entendre le ridicule que l'on jette sur ceux qui
portent de l'intérêt aux animaux! Si on aime son
chien, c'est un écho : « Elle aime mieux son chien que
ses enfants ». Par moi je puis juger que cela est très
possible; je ne crains aucun reproche comme mère,
et j'ai bien aimé mes chiens, mes bonnes bêtes.

Jésus-Christ est mort sur la croix pour nous prouver
qu'il faut d'abord faire son devoir et faire le bien
possible; il a souffert avec résignation sur la terre
pour frayer le passage; il a tracé le chemin du ciel
espérant que l'homme bon irait l'y joindre. L'insigni-
fiant, l'égoïste, le méchant resteront dans notre monde
y reviendront, et puis encore jusqu'à ce que la lumière
la croyance d'un maître qui nous gouverne tous
avec le même soin et qui par les mêmes besoins nous
impose l'humanité. Cette croyance n'a aucun inconvénient, s'il y a beaucoup à espérer pour les bons, les
méchants doivent être l'infernal dans notre monde;
ils doivent être la matière des bêtes féroces. Voilà
comment je m'explique d'où vient la frayeur des
personnes sensibles en voyant un rat, une souris, une
araignée, si ce n'est pas l'impression du vice puni
sous la première transformation et la crainte du
châtiment par instinct; car enfin ils n'ont rien de plus

effrayant que d'autres. Il faut donc que ce soit pressentiment pour la première transformation de notre
espèce! Cela me paraît possible, car ils veulent
toujours vivre parmi nous. Je crois que les détruire
c'est leur rendre service pour les faire arriver plus
vite à une autre vie; mais les faire souffrir, c'est
mériter leurs punitions. Détruire paraît le but de la
nature, puisqu'une espèce est créée pour en nourrir
une autre. Cela doit aller plus vite pour la preuve de
notre espèce; mais attenter à sa vie ou à celle de
son semblable, cela me paraît un crime qui doit
déranger l'épreuve. Horreur donc pour la guerre!
la guerre détruit les existences, fait des vétérans condamnés à la misère; elle détruit les générations, les
fortunes, les moissons; où donc pourrait-on trouver
un tableau représentant plus fidèlement l'enfer? Que
Dieu doit avoir horreur de la guerre! Il doit dire :
je vous laisse votre libre volonté, et voilà ce que
vous en faites! La guerre ne doit être qu'un
moyen de défense; celui qui la provoque doit en
avoir la responsabilité. Cette libre volonté, cette
indépendance de nous-mêmes a besoin de la religion de conscience pour la guider. L'air atmosphérique qui est dans ma pensée, le souffle de Dieu
pourrait bien avoir pour la respiration de chaque
espèce un air particulier; de là je m'explique une
maladie qui atteint une espèce et pas une autre. Tout
parle dans la nature, mais il faut l'interroger; il ne
faut pas étouffer la religion de conscience, qui s'adapte
à toutes les autres, il faut la faire sympathiser en
respectant les convenances de la vie sociale. Le soleil
est reconnu pour le Dieu de la nature; que sommes-
nous donc? ne sommes-nous pas des créatures sou-

mises à la nature, créées par elles, reprises par elle?
Tout ce qui a vie est soumis à la même loi. Nous
avons tous, nous qui possédons la vie, un sens divin,
un besoin de prier, qui nous est donné avec la vie.
Priez n'importe comment vous comprenez Dieu;
priez, vous élevez votre âme, qui peut seule communiquer avec Dieu. Je crois que toutes les religions
sont bonnes, car ceux qui les ont prêchées ont été
inspirés et ont disposé leurs croyances d'après le
caractère de ceux à qui ils parlaient, mais avant eux
notre monde était ce qu'il est, et Dieu l'éclairait. Le
maître de tous les pays du monde se montre à la
distance qu'il doit y avoir de nous à la divinité. Ce
qui a fait adorer le Christ et l'a fait reconnaître pour
le fils de Dieu envoyé par Dieu, c'est sa vie toute
divine. Il a pris la défense du pauvre, il a tracé la
marche à l'humanité, mais on vit pour soi, on écrit
pour soi, pour la science, pour les arts. C'est beau,
c'est grand, mais le compte rendu à Dieu ne doit pas
le satisfaire. Le bon Dieu doit dire souvent : c'est peu
pour l'humanité. Bien heureux qui ne vient pas
recommencer l'épreuve sous une forme hideuse
effrayante et que nul ne peut expliquer! Aimer les
animaux me paraît avoir l'instinct de leur existence.
Il faut y réfléchir; je crois que les animaux connaissent mieux que nous les punitions divines; je crois
que les bêtes féroces subissent ici la punition de
leurs crimes; oui je crois que l'enfer est ici! tableaux
infernaux! Voyez l'histoire des peuples, batailles,
cruautés, incendies. Voyez les courses; on brise les
jambes de ceux qui en auraient besoin pour les travaux publics; mais le fouet est là, je l'entends
chaque minute de mon existence : il me cingle le

cœur, et les courses finies Il faut voir, car je me
rappelle que l'on m'y a conduite étant enfant, et le
souvenir m'en est resté. Maintenant je n'irais pour
rien au monde voir ce tableau d'enfer. Les courses
finies de méchantes créatures viennent faire courir
de pauvres malheureux chevaux blessés par le travail et les mauvais traitements, et à force de coups
viennent compléter ce tableau d'enfer. Et puis encore
combat de taureaux, joie infernale, et tirer l'oie, et
tirer les pigeons, et puis, et puis, et puis, et la guillo-
tine, quelle réjouissance! Ne cherchez pas l'enfer
si loin : vous l'avez là sous vos yeux, vous qui faites
souffrir des êtres qui sentent la douleur comme
nous. Peut-être notre tour viendra, car l'enfer est ici;
mais comme je crois à la justice de Dieu, il y a
l'épreuve du bien et du mal. On vient ici, et puis
on y revient, et lorsque nous sortons de ce monde
c'est pour un monde meilleur, selon nos œuvres.
Les mœurs douces, la moralité, l'humanité ne régne-
ront que quand on aura pitié des animaux en leur
épargnant des souffrances inutiles; alors il y a
l'épreuve de la volonté du bien ou du mal, et je crois,
qu'en sortant de ce monde Dieu nous donne une feuille
de route pour un meilleur monde selon nos œuvres.

Je ne crois pas à la destinée, mais à la libre volonté
que nous conduisons nous-mêmes.

Si la destinée traçait à l'avance notre conduite,
nous ne serions responsables d'aucun de nos actes. Si
la destinée était tracée, la prière, bienfait de Dieu,
qui nous met en rapport avec lui par le sens divin

qui correspond avec l'air, la prière serait inutile. A notre naissance, si toute notre existence était tracée, il n'y aurait plus qu'à plaindre les mauvaises natures et à blâmer Dieu de son injustice envers elles. Je crois que nous apportons en naissant le péché originel, celui qui nous ramène ici pour l'épreuve, car je crois que notre monde est le purgatoire pour notre race et l'enfer pour les animaux; nous apportons en naissant le caractère, dis-je, qui nous amène ici, mais Dieu nous donne une conscience pour nous guider et nous conseiller. L'éducation est l'œuvre de l'homme; il faudrait la diriger sur l'humanité.

La confession me paraît être un grand soulagement, soit qu'elle s'adresse à Dieu, soit qu'elle s'adresse à l'homme.

Le cloître, n'est pas une punition mais un acte d'égoïsme; mieux vaudrait vivre dans le monde et se commander de bonnes actions.

Jésus-Christ ne s'est pas enfermé dans un cloître; il a voyagé pour répandre la charité. Sa morale, sa parole étaient pour tous.

L'amitié est pour moi sous la forme du Saint-Esprit: elle vient du ciel, s'épanche sur le cœur de celui qu'elle en croit digne; mais lorsque l'exigence veut l'enfermer, elle repart d'où elle émane.

Il n'y a pas de belle âme avec de l'orgueil.
Il n'y a pas de belle âme sans fierté.

J'entends dire : où l'esprit va-t-il se nicher? mais Dieu ne met-il pas autant de soins dans la création du pauvre que dans celle du riche. Le développement des facultés par l'instruction, voilà la seule différence.

La conscience devient matérielle à force de la charger, et la voix de Dieu n'y peut plus pénétrer.

Il y a un sens méconnu, c'est le sens divin, celui qui donne le pressentiment : la sympathie, qui appelle à la prière, ce sentiment devrait s'appeler la vue de l'âme; il nous garde avant notre pensée.

Le soleil est notre Dieu, la nature et tous les êtres y sont soumis; sa grande distance domine tout et tout reçoit de lui l'étincelle de la vie.
Respect à toutes les croyances quand Dieu est le but des prières.
Ceci posé, cherchons.

Je crois à l'influence de la prière, je regarde comme la meilleure religion la religion de conscience, celle qui s'applique à toutes les autres; je crois à l'église chrétienne, je crois à la confession, je crois à tous les sacrements, à tous les miracles annoncés par les prophètes, je crois à tous les miracles annoncés par la prière, que j'appelle la main de Dieu. Bénis-moi ; mais avant les prophètes, avant le Christ, le soleil brillait, le ciel existait, la nature vivait donc. Dieu était Dieu, le père de toute la nature, de tous les mondes. Dieu suprême ; reçois ma prière, mon âme te comprend mon âme espère, mon âme croit.

Je crois en Dieu, je crois à l'immortalité de l'âme, je crois à la communion appliquée à l'égalité, je crois à la confession et à son utilité pour des coupables ou pour des faibles, je crois à beaucoup de saints et saintes, je crois à la récompense dans un meilleur monde et l'enfer par la transformation des espèces, la nôtre comprise ; je crois au tribunal de la conscience présidé par Dieu, je crois à la mort de la chair, mais non de l'existence ; la preuve, c'est qu'un bras ou une jambe existe toujours pour celui qui ne les possède plus.

Réflexions.

Si vous avez des passions ou des vices qui ruinent la famille, on ne vous blâme que peu ; chacun a son petit défaut, dit-on. Si vous avez une belle volière, on l'admire, on ne compte pas ce que coûte l'esclavage de ces pauvres bêtes ; vous êtes riche, tout ce qui est luxe et cher doit faire l'apanage des riches ; ceci est aussi mon avis?

Mais avez-vous, pauvres ou riches, un chien ; lui

donnez-vous une petite douceur, elle vous est rendue
en caresses et en reconnaissance par cet ami fidèle
qui vous paye en amitié, en dévouement, peu connu
des égoïstes qui ne trouvent rien digne de leur
amitié, qui la gardent pour eux-mêmes et crient à l'in-
famie s'ils vous voient porter de l'intérêt à un chien.
Et le bien nourrir, ne vaudrait-il pas mieux disent-ils,
donner ce que coûte ce chien à un malheureux? Sans
doute, si vous les rencontrez dans la rue, mieux vaut
donner à l'un qu'à l'autre, mais chez vous le chien
fait partie de votre maison, c'est lui qui vous garde;
je ne pardonne qu'aux voleurs de ne pas aimer les
chiens.

Le chien donnerait sa vie pour son maître; avez-
vous du chagrin, votre chien est triste; si vous vouliez
le comprendre, il vous ferait connaître le bon et le
méchant; c'est l'âme dévouée des malheureux, c'est
souvent le seul ami qui reste à la vieillesse, et les
pauvres vieilles femmes sont souvent bien ridiculi-
sées pour aimer un chien qui leur rappelle de tristes
souvenirs. A un nom chéri, le chien dresse l'oreille
et pleure avec elles.

Assurément les héritiers ne lui offriraient pas les
mêmes sympathies, et lorsque les maîtres des chiens
sont riches, c'est alors que les misérables bêtes sont
bien malheureuses. D'abord les domestiques détestent
tout ce qui leur donne de l'ouvrage, et puis ils sont
jaloux de l'affection que l'on porte à un animal. Je
serais riche à un million que jamais mes domestiques
ne soigneraient mes animaux. C'est sur les animaux
aimés des maîtres qu'ils se vengent si on leur adresse
un reproche. Dire ce que j'ai vu de méchancetés ne
serait pas croyable; ils reprochent aux animaux ce

qu'ils mangent, et eux ne se reprochent pas ce qu'ils perdent et qui ne profite à personne; avec ce qu'ils perdent il y aurait de quoi nourrir bien des malheureux; mais les malheureux il faudrait aller les chercher, car ils ne peuvent mendier ou ils sont arrêtés comme des voleurs. On a assez crié pour l'abolition de la mendicité; il fallait d'abord abolir la misère, mais on commence toujours par la fin; on supprime la charité commandée par le Christ, car la charité à domicile est insuffisante. Quelques sous donnés par qui le pourrait aideraient, mais on a toujours peur que le riche donne directement, et puis on veut ménager sa bourse malgré lui, car beaucoup donneraient à des malheureux et ne donneront pas dans des mains qu'ils croiraient infidèles.

Les juifs me représentent la protection de la famille, les pasteurs de la religion protestante me représentent le Dieu de l'Évangile, les bons prêtres catholiques vivant au milieu des paysans dont ils sont les oracles me représentent Dieu.

Le mahométan si croyant me dit que tous nous espérons le ciel.

La religion de conscience exige que l'on se confesse souvent à son âme, que l'on compte si les bonnes actions l'emportent sur les mauvaises; se commander le plus possible le bien qui doit nous gagner la tolérance divine.

Il serait beau que tous les gouvernements s'entendissent pour ne plus jamais avoir la guerre et prendre des limites naturelles, se faisant de mutuelles concessions, donnant la Terre sainte à notre religion, formant des empires pour ceux dépossédés dans des pays non civilisés. Un congrès de rois tous les ans réglerait les intérêts généraux. Liberté pour chacun et de religion et de mœurs.

Je crois à la protection divine appelée par la prière; je crois que l'amitié est un sentiment qui ne doit plus se perdre, que le souffle, que la pensée c'est le lien de l'âme qui doit se faire retrouver dans un autre monde meilleur que celui-ci, car notre monde est un terrible enfer. Combien je souffre des souffrances des animaux! coups de fouet de barbares charretiers, quel tocsin vous sonnez dans mon âme! souffrances des souffrances que vous me faites souffrir! Sans doute notre monde a pour beaucoup de gens l'appât du paradis. Dieu a tout répandu ici, le bien, le mal, le beau, le laid, le bon, le méchant pour faire l'épreuve. Il faut réfléchir; l'âme est immortelle mais elle est dans toutes les espèces, elle subit la punition selon les actions. Lions, loups, tigres, vous avez été, sans doute, des hommes terribles; rats, souris, araignées, qu'étiez-vous donc pour inspirer tant d'effroi? Moi aussi j'ai peur de vous; pourquoi donc? Il ne faut pas avoir une grande confiance en Dieu et en sa sagesse pour croire que tout ce qui a été créé a été créé pour nous, que les animaux qui nous paraissent inutiles ont de même leur utilité. L'égoïsme vous aveugle; vous oubliez la punition par l'espèce possédant nos vices. Indulgence pour eux; ils ont le secret de la punition; sans doute il faut détruire ce qui nous nuit et la nature nourrit une espèce par une autre. Sans doute c'est pour aller plus vite, mais les souffrances inutiles, souffrances d'agrément, plaisirs barbares.

Je crois que Dieu a dit : Mes enfants, tout vous parle de moi, rien de ma puissance ne doit vous échapper; raisonnez, et vous me trouverez; que tous ceux qui ont reçu une étincelle de divinité éclairent les autres. J'ai donné une conscience qui doit conduire au même but; il y a une voix dans la conscience qui m'appelle à la prière. J'ai envoyé des enfants à moi sous votre forme, parlant votre langage; le christ est venu vous tracer la vie d'un honnête homme et le pardon par la tolérance; les prophètes sont les élus de Dieu. »

Combien il existe de maux sur notre terre que nous pourrions éviter si chacun de nous appliquait à la religion qu'il professe la religion de conscience! car Dieu nous a donné une libre volonté et avec elle la conscience pour juger nos actions. La conscience est un miroir qui ne peut ni s'éclaircir ni se ternir aux yeux de Dieu; c'est ma croyance, c'est ce qui m'explique que déjà nous sommes venus sur cette terre et que, n'ayant pas mérité un meilleur monde, nous venons ici recommencer l'épreuve, et nous rapportons nos vices. C'est ce qui m'explique le péché originel, mais nous rapportons aussi une conscience pour nous conseiller et une entière liberté d'action.

La vie ne peut être perdue, pas plus celle des animaux que la nôtre : la nature est la même pour tous. L'œil de Dieu brille dans le soleil, comme dans l'œil du plus petit insecte. Dieu nous a donné la pitié; elle elle devrait être une des bases de toutes les religions appliquées à tout ce qui reçoit le souffle. Dieu a envoyé sur la terre des missionnaires d'humanité, avec les pouvoirs divins, des hommes faits dieux; selon les pays, selon les hommes. Bien que de la même race, les hommes diffèrent par l'influence des climats, mais le fanatisme empêche la vérité de se faire jour et on prend le nom de Dieu, de ses apôtres, pour satisfaire les ambitions, les vengeances personnelles. Dieu n'a pas besoin des hommes pour faire exécuter sa volonté, mais l'égoïsme, l'orgueil, conduisent le monde. Je crois fermement aux influences, à celle divine, qui préserve au moment d'un danger par la prière. Élever son âme, c'est ce qui m'explique les miracles. Il y a l'influence du bien par de bons conseils, de bons exemples. C'est pourquoi je voudrais que les éducations soient toutes dirigées vers la conscience, religion de l'âme qui n'a point d'erreurs et qui peut s'appliquer à toutes les autres. Le gouvernement devrait être le maître de toutes les éducations, pour les diriger avec ensemble, et que la base de l'instruction simple ou composée donne aux hommes, autant que possible, les accords d'idées, et ne laisse jamais des enfants abandonnés; c'est l'avenir et l'humanité.

Projet d'amélioration aux voitures.

Me voilà arrivée en 1860; le mécanisme marche vers le perfectionnement, tout suit les progrès excepté les voitures traînées par les pauvres chevaux. Comment! pas un mécanicien assez humain pour prendre en pitié ces pauvres victimes! Il n'est donc pas possible de faire des charrettes, des tombereaux qui soutiennent la charge, afin que les pauvres chevaux n'aient qu'à la traîner sans être obligés de la soutenir, soit en montant, soit en descendant, ce qui doit leur briser le corps, joint aux coups de fouet si souvent répétés qu'un mauvais charretier — et il n'y en a pas quatre au cent de bons — donnent aux suppliciés, au moins de 500 coups de fouet par jour. S'il faut y joindre le trop de charge des vêtements qui leur entrent dans les chairs, la destruction doit aller vite; mais, oh horreur de l'inhumanité de la race humaine! il est reconnu qu'il y a économie. La mère aux chevaux n'est pas morte, et voilà qui paraît tout simple à ceux qui ont pouvoir de l'empêcher. Je voudrais voir, puisque je ne suis pas mécanicienne, et je ne peux chercher l'invention d'une mécanique à bascule, soutenant en montant et en descendant; mais encore faudrait-il qu'elle fonctionne toute seule, car les charretiers qui n'ont qu'une chambrière, si par hasard ils la retirent, et oublient de la raccrocher, elle frappe les chevaux aux jambes et augmente le supplice. S'il n'y a pas moyen de faire une mécanique aux charrettes et aux tombereaux, que l'on mette quatre roues, six roues, afin que la charge soit soutenue; que les roues soient assez hautes pour que le cheval ne puisse pas tomber écrasé sous la charge.

Les omnibus devraient avoir six roues, remplacer le grand bâton qui bat le flanc des chevaux par une roue marchant comme la voiture; l'essieu, au-dessus des chevaux, viendrait s'adapter à deux triangles en fer de chaque côté de la voiture. Par ce moyen les chevaux s'arrêteraient plus facilement et les voyageurs d'impériale ne seraient plus exposés par la chute des chevaux ou de la voiture. Je voudrais que tous les fiacres eussent quatre roues. S'il n'est pas possible qu'une roue d'omnibus marche en sens de la voiture, entre les deux chevaux, ne pourrait-on pas remplacer ce grand bâton qui bat le flanc des chevaux par un fort cuir, ou ne pourrait-on pas adapter au bout de son bâton deux triangles qui seraient tenus par en haut de la voiture. Il faudrait que toutes les voitures portant lourdes charges fussent forcées d'avoir six roues : les propriétaires de chevaux y gagneraient et le limonier ne serait plus exposé à être écrasé par la charge. Les chevaux sont détruits plus encore par les coups que par le travail ; la nature est la même pour tous et les chagrins aident la misère pour la destruction de la force du corps. Et qui a plus besoin de la force du corps que le cheval, qui a tout à traîner ? Le ballant de la charge doit la doubler ; les secousses doivent briser les os des chevaux. Ce qu'il faudrait, c'est que la charge pèse tout entière sur la voiture et que les chevaux n'aient besoin que de traîner et non de retenir. Quelle pitié pour ceux qui regardent de voir le cou des pauvres bêtes en sang, coupé par le collier, le ventre par une sous-ventrière trop serrée ou deux sous-ventrières qui leur pincent le ventre, le dos en plaies, où le collier entre quelquefois de plusieurs centimètres dans les chairs, les pieds crevassés, et souvent des épingles à cheveux ou autres, des clous, tout ce qu'il est possible d'imaginer pour faire endurer des tortures, on ne le leur épargne pas, tant par méchanceté que par indifférence. La brutalité du fouet vient combler la misère de ces animaux si utiles et que personne ne veut protéger; et on parle du progrès d'humanité! L'humanité est encore au ciel, Dieu craint de la compromettre, et il ne nous l'envoie pas. Concert infernal du fouet, c'est vous qui empêchez la venue de l'humanité. Je voudrais bien savoir comment se conduisent les barbares, les sauvages, avec les animaux, puisque les civilisés sont si cruels. Si on pouvait faire comprendre aux chevaux que notre race s'appelle race humaine ils se feraient une drôle d'idée de l'humanité. J'ai vu de pauvres chevaux tomber par les blessures et la fatigue et les coups de fouet redoublaient pour les faire relever. J'ai vu des enfants par troupes, leur faire essuyer toutes sortes de méchancetés, les passants riaient de la faiblesse de ces petits vauriens; chaque cocher qui passait à côté du cheval tombé lui lançait un coup de fouet : c'est le dernier adieu qu'on lui donne, on lui en donne le plus possible, si on croit que la mort va le ravir à la tyrannie de notre race humaine! Dans ce moment, quel est celui sur qui Dieu jette un regard de pitié. Est-ce sur celui qui quitte l'enfer ou sur les démons qui y restent? Le cheval, qui rend tant de services, n'est pas le seul à subir l'injustice de l'homme : l'âne courageux, sobre, intelligent, est non seulement battu brutalement, mais encore insulté dans sa race; pourquoi? Qui le sait. Il était la monture du Christ; que lui reproche-t-on. Il est utile, peu coûteux et l'excellence de son lait donne la santé. Après cela il n'y a pas d'autre pourquoi? Toutes les autres races sont persécutées par nous; la nature, mère de toutes les races, doit se révolter à la vue de tant d'égoïsme et de méchanceté. Il y a bien des mystères dans la nature qui devraient nous faire réfléchir. Quand j'admire le mécanisme des chemins de fer, je me dis : pourquoi n'y a-t-il pas plus d'intelligence dans la fabrication d'une charrette ou d'un tombereau, que d'une charrette qu'un enfant confectionne avec des bouts d'allumettes ? Ne serait-il donc pas possible d'inventer une machine ou une locomotive qui s'adapterait sous les lourdes voitures pour aider à traîner des charges ? Cette dépense serait bientôt couverte par l'économie de moins de chevaux et de leur conservation, mais je pense qu'on aura fait le calcul qu'il était plus profitable de tuer les chevaux de fatigue et de les renouveler plus souvent, et on espère arriver aux mœurs plus douces, avec un pareil système qui ne rencontre pas l'opposition de la police ! Et on espère faire de bons sujets de jeunes gamins voulant faire l'homme et ne faisant que des cœurs endurcis et préparant à femmes et enfants les supplices auxquels ils s'exercent tous les jours sans que personne y prenne le moindre souci ; le mécanisme intelligent ne devrait rien laisser aux soins du charretier ; éviter que la vapeur puisse se diriger du côté des chevaux car pour les faire souffrir, afin d'obtenir une montée plus rapide, ils la lanceraient sur eux ; tant de méchants charretiers mettent le feu au ventre d'un cheval avec de la paille pour obtenir une montée impossible ! Les chevaux jeunes et forts devraient seuls travailler et par cette raison devraient être ménagés. Des inspections devraient être faites dans les écuries, afin qu'il soit imposé qu'un cheval puisse se coucher, car une malheureuse bête qui a

couru toute la journée ne peut pas même se reposer
faute de place. Les chevaux deviennent vieux tout
comme nous; la nature est la même pour tous et
quand on se baisse, on ne peut plus se relever, et
comme les chevaux savent bien que s'ils se cou-
chent ils ne pourront se relever qu'à force de coups de
fouet, ils préfèrent ne pas se coucher du tout; aussi on
les voit les jambes torses. C'est aux voitures dites
remises qu'il faut les voir. Il faudrait qu'il soit
imposé que chaque cheval ait sa place à l'écurie et
qu'il y ait de fortes poulies aux plafonds avec des
sangles que l'on passerait sous le ventre des chevaux :
on pourrait alors les aider à se relever, soit qu'ils
soient malades ou trop fatigués. Ce système peu coûteux conserverait bien des chevaux à leurs maîtres et
on ne les verrait plus jetant en avant leurs jambes
raides comme des jambes de bois. La conservation
des chevaux devrait être d'un intérêt général, car si
Dieu, dans sa justice, voulait punir les hommes et
qu'il envoie une épidémie sur cette race si utile, si
un choléra venait fondre sur eux comme il fond sur
nous après la guerre, — l'influence du mal amène le
mal, — ce n'est pas les chevaux qu'il faudrait plaindre,
ils seraient débarrassés de leur vie de souffrance. Le
cheval est un ami dévoué, obéissant, intelligent, travailleur. Les services qu'il rend sont incalculables.
Le cheval est doux, il caresse la main qui le frappe.
La noble bête est triste, résignée je ne sais s'il y en a
un sur mille qui se venge. Dans sa marche on
devine la souffrance, s'il passe près de vous avec
cette allure, regardez le charretier : vous verrez une
figure féroce; le cheval bien conduit a la tête haute,
le regard calme; regardez le cocher, vous verrez une

bonne figure. Il y a des hommes que vous ne pouvez dominer que par la crainte : c'est la plus grande partie des charretiers. Ils battent par habitude; c'est cette habitude nuisible qu'il faut combattre, la gangrène qu'il faut éviter aux cœurs sans réflexion. Si le cheval criait comme le chien, quel tocsin infernal feraient tant de souffrances qui doivent encombrer l'air divin et tomber en calamités? Il faudrait que le gouvernement promette une forte récompense à qui pourrait inventer une petite vapeur qui se mettrait aux voitures lourdes, chargées sans raison, et une décoration à qui y travaillerait. Une fois sur ce terrain, on verrait surgir des inventions, mais avant il faut pratiquer ce qui est le plus urgent : il faut que la police défende de frapper les chevaux; il faudrait que les chevaux visités et vus blessés, soient mis hors de service, tués à l'abattoir pour donner ou vendus bon marché à qui voudrait en demander. Par ce moyen on viendrait à bout d'habituer les populations à la nourriture du cheval; leur mort serait un bienfait pour les classes pauvres et pour eux-mêmes, car ils seraient débarrassés d'une existence de tortures; l'intelligence du cheval devrait sembler prodigieuse et faire réfléchir les hommes.

L'or.

L'or! — Beaucoup de gens en font leur dieu et disent il n'y a de vrai dans ce monde que l'or, et au prix de leur âme il leur faut de l'or. D'autres disent : L'or est une chimère. Évitez les extrêmes. L'or ne peut être une chimère, car il est une charmante

réalité; ils le méprisent, mais ce sont des paroles;
moi j'en ferais en conscience une divinité. Sans doute
sa valeur est convenue, mais tout ce qui représente,
la confiance est divin. L'or répond à toutes les exigences et répond pour sa grande part au bienfait de
l'organisation appelée par moi, depuis 1832, afin que
les existences soient assurées par un ministère d'humanité. N'est-il pas merveilleux de voir l'échange
avec l'or répondant à tous les besoins? S'il n'y répond
que quand il s'agit du salaire, ce n'est pas à lui qu'il
faut s'en prendre, mais à la non harmonie. Comment
donc ne pas diviniser un si grand moteur! Il doit
faire l'admiration du ciel, pour le génie qu'il électrise et rapproche de lui par le luxe. Beauté de l'or
aimé de la nature! Aimer l'argent pour l'entasser,
c'est de l'égoïsme; aimer l'argent pour s'en servir à
faire le mal, c'est le revers de la médaille; mais
reconnaître la valeur de l'argent pour donner aux
siens et à soi-même le nécessaire selon son rang; ne
rien refuser à un être chéri, malade, torturé, ignoré
des riches, sortir les siens d'une mauvaise position :
L'or dans cette circonstance ne représente-t-il pas la
divinité, honneur à lui pour le bien qu'il fait. Les
services qu'il rend l'emportent sur le mal; j'adore le
bien que l'or peut faire; j'ai l'air d'ambitionner la
richesse : je n'ai jamais ambitionné que le temps que
j'aurais pu donner à mes projets. Beaucoup ont reçu
naissance et tombeau dans mon imagination, faute de
temps; mais comme tout a son beau côté, si j'avais
été riche, je n'aurais pas vu de si près la misère,
je ne me serais pas mis l'âme, le corps et l'esprit à la
torture pour chercher remède à des maux que je
n'aurais pas connus, et par cette raison pas cherché

les sources. La première, l'insuffisance du salaire pour le strict nécessaire et bien plus insuffisant encore pour les maladies, les charges de trop d'enfants, de père, de mère, et par trop de calamités, le découragement et par l'inconduite et alors le vice et son cortège pour les mauvaises natures. Les bonnes traînent leur misère, et souvent meurent de cette gangrène qu'a engendrée la famine. Ceux qui y peuvent quelque chose doivent s'armer de courage, pour combattre ce fléau. J'ai été à la source; j'ai écrit autant qu'il m'a été possible au travers de tant d'occupations obligées. J'ai dit mes pensées dans mon projet d'humanité, je les ai adressées et j'ai prié Dieu de les faire voyager.

Ma croyance.

Je crois que Dieu a dit : « Mes enfants tout vous parle de moi à votre existence; rien de ma puissance ne doit vous étonner. » Je crois qu'il le dit, et il le prouve tous les jours; il dit : Raisonnez et vous me trouverez, et vous me trouverez partout et dans tout; ceux qui reçoivent une étincelle de divinité me comprennent, mais chacun à sa façon, et tous, par des mystères à moi connus n'ont pas la vue de l'âme. J'ai donc envoyé selon les pays des enfants à moi, chargés de vous faire comprendre ma divinité, mais comme tout ce qui est créé sur mon modèle, mes enfants comme vos enfants ne s'entendent pas toujours sur la manière de m'adorer, mais le but est le même : offrir des récompenses dans un autre monde lorsque je vous appellerai après l'épreuve. Les hommes ont besoin de voir pour croire; je vous ai envoyé le

Christ avec des paroles de paix; j'ai envoyé aussi d'autres élus; je vous ai donné avec la vie une conscience : faites-en une religion que vous joindrez à celle qui vous aura été enseignée et que vous pratiquez. Aimez la Vierge, elle est la mère des mères, la consolation, l'espoir des malheureux. Aimez-la sous n'importe quel nom, priez! priez! La prière parle à l'âme; elle est dans tous les temples où on adore Dieu; les paroles de paix, de tolérance sont bien, je crois, ordonnées par Dieu et doivent être transmises par la bouche de ses élus. J'irai devant Dieu, quand il m'appellera, avec confiance, car j'ai employé ce qu'il m'a donné d'intelligence au bien, à la bonne volonté de bien faire; je n'ai jamais regardé avec indifférence ni la misère ni les souffrances; j'ai écrit dans l'intention du bien des projets pour la destruction de la misère dans ses principales sources; malgré les difficultés que j'ai eues à vaincre pour en trouver le temps au milieu d'occupations à fatiguer quatre personnes. Rien n'a souffert que moi; ce qui m'a soutenue, c'est la prière.

La mémoire.

La mémoire est la voix de l'âme. L'âme ne meurt pas, et si elle n'a pas mérité le ciel elle reste dans notre monde pour recommencer l'épreuve, et lors du sommeil représentant la mort, l'âme seule veille; elle se souvient, et ces souvenirs forment un chaos que nous appelons songe. Il nous est quelquefois donné de bons avis, car si Dieu nous a donné notre libre volonté d'agir, il nous a donné une conscience pour nous guider; aussi, tout en respectant toutes les religions, la mienne tout particulièrement je vénère. Et je dis qu'à part notre religion, après l'enseignement, nous devons avoir une religion de conscience cadrant avec la pensée du devoir. Il doit y avoir au fond de notre âme un temple à nous tout seuls, où sont placés selon notre pensée des noms chéris, soit morts, soit vivants. Les regrets, la reconnaissance, l'amour maternel, la sainte amitié doivent trouver place dans ce temple, et quand par la prière vous y descendez, que vous avez caressé de la pensée ces amis de votre âme, appelez vos actions au tribunal de votre conscience : si elles sont bonnes, vous serez heureux; si elles sont blâmables, priez Dieu; si elles sont vicieuses, votre conscience ne peut répondre : elle est étouffée.

De l'éducation des enfants.

En formant sa créature, Dieu n'a pas oublié le sens divin qui doit communiquer avec lui. Les enfants chacun les instruit selon sa croyance, et de cette croyance le germe reste toujours. Que faut-il pour former une croyance dans l'âme des enfants, une croyance vraie, car il y a tant de religions se démentant les unes les autres et même se faisant la guerre, comme si Dieu avait besoin d'être défendu par des hommes? Dieu est Dieu, là il n'y a pas d'erreur. Dieu envoie des prophètes pour prêcher la vertu, la tolérance; ces prophètes prêchent selon les pays qu'ils habitent, Dieu nous donne à chacun une confiance pour nous conseiller et s'entendre avec lui. La religion de conscience devrait s'adapter à toutes les autres, les ralliant toutes par une chaîne universelle.

Une idée.

Je crois que chaque espèce reçoit avec la vie un
air particulier à son espèce et que tout ce qui a
vie reçoit de la nature une âme particulière. Je
crois qu'au moment de la mort ce souffle, qui pour
moi est l'âme, se joint dans l'air de son espèce et que
l'âme de la mère dont l'enfant se forme dans son
sein aspire doucement l'âme qui vient donner vie à
l'enfant et respire avec elle au moment de l'en-
fantement. Par ce raisonnement je m'explique la
transmission de la vie; par ce raisonnement je
m'explique la nationalité, le caractère des paysans
de chaque pays, je m'explique le caractère des races,
car d'avance nous connaissons le caractère du cheval,
du chien et nous nous approprions leurs services,
mais avec barbarie. Nous connaissons le caractère
féroce de beaucoup d'espèces; je crois qu'ils le reçoivent en punition des crimes reniés. L'âme des animaux est cause de leurs martyres. Quand une brute
vous a dit avec orgueil : ils n'ont pas d'âme à sauver,
ils croient avoir fait de l'esprit. Parlez-leur d'âme
quand il n'est pas question d'animaux. Ils vous
diront que quand on est mort tout est mort. Cependant la loi de la nature est la même pour tous les animaux; ils ressentent les mêmes souffrances, ils éprouvent des maladies, des épidémies. Les souffrances des
animaux dont nous nous nourrissons doivent être
nuisibles; nous sentons au goûter de leur chair la
nourriture qu'ils ont prise : je citerai seulement le
mouton présalé, le poisson de l'étang. Voudrait-on
croire que le bœuf gras ne fasse pas souffrir de son

inquiétude de sa frayeur et de sa fatigue? Tout l'inocule. Je suis sûre que celui qui a mangé du bœuf
gras, s'il l'étudie, doit éprouver une vague inquiétude,
un peu de ce que la pauvre bête a éprouvé pour
amuser la foule hébétée. Quand je vois de pauvres
ânesses si méprisées, si bafouées, bien qu'elles soient
l'exemple des vertus simples ; quand je vois ces victimes des préjugés plus stupides encore que la férocité exercée contre elles, pourchassées à coups de
bâton ou de fouet pour porter leur lait à domicile,
que je les plains ces pauvres malades qui vont prendre
ce lait ! Je me dis qu'un verre d'eau leur ferait plus de
bien que ce lait qui porte la souffrance et la peur.
la nature parle bien haut ; mais il faut l'écouter. Qui
niera l'influence de la nourriture de l'enfant au sein
d'une nourice malheureuse en ménage? Pourquoi les
grandes personnes ne souffriraient-elles pas d'une
viande qui a souffert? On sait aussi bien que moi
que personne ne veut manger de viande morte;
donc il est reconnu que l'influence du mal est nuisible. Personne ne me persuadera qu'un bon poulet
élevé dans une basse-cour, bien nourri, bien logé,
libre de se promener, ayant la vie heureuse, n'est pas
meilleur à la santé qu'un poulet à qui on aura crevé
les yeux pour l'engraisser. Cette viande doit être
lourde, doit inoculer l'ennui. Notre nourriture serait
plus saine si les animaux avaient moins de souffrances.
La morale, l'humanité y gagneraient ; mais on recherche ce qui coûte cher et ce qui satisfait ceux qui se
font plaisir des souffrances des animaux.

Les abattoirs.

Il faudrait que les éleveurs aient à leur disposition de petits abattoirs appartenant à la commune. L'animal déplacé, voyageant, s'inquiète, s'agite : la fatigue doit lui donner la fièvre et nous engendrer des maladies dont la science ne s'inquiète pas, allez. On apporte bien dans les villes des volailles tuées; pourquoi n'apporterait-on pas aussi la viande de boucherie tuée? Et par mon projet de petits abattoirs on éviterait la grande réunion d'hommes chargés de les tuer. Ce qui se passe de cruautés pour passe-temps à ces méchants est incroyable. De petits abattoirs éviteraient le mauvais air résultant de cet amas de destruction. Il faudrait qu'il y eût des courtiers allant chercher la viande à jour fixe, comme on va chercher le lait, et établir des marchés à chaque gare de chemin de fer où les bouchers viendraient s'approvisionner, ou que les éleveurs viennent eux-mêmes apporter leur viande à ce marché.

Éducation des enfants.

L'éducation des enfants devrait être l'œuvre du gouvernement. Je crois que là est la base de l'édifice de l'humanité. Apprendre aux enfants à aimer Dieu, le mettre sous n'importe quel nom; la prière monte au ciel, élevée par l'âme et conduite par la pensée; leur apprendre que la prière console, donne de la force, qu'elle met notre âme en communication avec Dieu, n'importe le langage, n'importe le pays, n'importe quelle croyance. Dieu admet toutes les religions, puisqu'il les écoute; imitons sa tolérance, tout

en pratiquant la nôtre, source d'espérance et de charité.
Apprendre aux enfants à ne pas faire endurer de souffrances aux animaux; les animaux ne doivent pas être
un jouet dans les mains des enfants. Les mères qui donnent des animaux à leurs enfants pour les amuser
les disposent à la barbarie; il faut détruire les animaux nuisibles et ceux qui sont nécessaires pour
notre nourriture, mais il faut éviter les souffrances
inutiles. Détruire par état et non par plaisir et chercher les moyens les plus expéditifs pour éviter des
souffrances. De même qu'un soldat est brave en
défendant son pays, mais le plus brave des braves
est un assassin s'il tue après la bataille. Beaucoup
s'excusent en disant que les animaux n'ont pas d'âme;
croient-ils bien à l'âme, ceux qui parlent ainsi?
croient-ils à une autre vie? S'ils y croyaient, ils
traiteraient les animaux avec plus de douceur et
d'humanité; il y a tant de mystères dans la nature?
Dieu n'a pas mis tant de soin à former chaque espèce,
tant de variétés et de beauté dans le plumage, tant
de prières pour saluer le jour, tant de sensations dans
tous les oiseaux, pour leur avoir refusé de l'intelligence, du raisonnement, et l'âme qui anime tout ce
qui est vie, est-ce parce que nous n'entendons pas
leur langage? Mais ils ont de plus que nous, qu'ils
s'entendent entre eux; chaque espèce à son langage.
Apprenez aux enfants à étudier la nature et les animaux, apprenez-leur à conduire les chevaux avec
humanité, et vous n'aurez plus de ces petits vauriens
de quatorze à quinze ans, la pipe à la bouche et le
fouet à la main, frappant à tour de bras pour se
rendre intéressants. Dans ma conviction, rien ne se
perd dans la nature; les souffrances doivent remonter

au ciel et retomber en fléaux; dans ma conviction, chaque plante et chaque espèce doit recevoir un air particulier à son espèce, formant vie avec la nature et âme avec elle. Ce qui m'affirme cette croyance c'est que souvent une épidémie atteint une espèce et pas une autre. Nier l'âme, c'est nier la vie, c'est nier le souffle, c'est nier la pensée, c'est nier le mécanisme qui agit, c'est nier le grain de blé qui a vie, c'est nier l'existence de l'enfant avant d'être né. Je ne crois pas que les animaux iront habiter le même lieu que nous, puisque je crois que, tout en habitant la même terre que nous, ils ne respirent pas le même air. Après cela ils obtiendront peut-être leur transformation ici, il y a tant de mystères dans la nature! On nie l'âme des animaux!... on a bien nié l'âme de ces pauvres noirs pour excuser des cruautés exercées contre eux dans l'esclavage, honte de notre siècle!...

Ma conviction.

Dans ma conviction, les prières les plus agréables à Dieu sont les bonnes actions; elles sont l'encens qui monte au ciel.

Si un auteur entreprenait le travail de rechercher les immortels d'obscure origine, il glorifierait le génie.

———

L'essence de divinité du Christ l'a fait reconnaître par les hommes comme envoyé de Dieu, rappelé par Dieu après avoir laissé aux hommes sa parole, ses actions, ses souffrances pour modèle, pour encouragement à souffrir pour la preuve que notre volonté nous appartient et que nous la conduisons et que mieux vaut mourir que de renier une sainte conviction.

Toutes les mères sont les idoles de leur fils; c'est pourquoi Dieu a fait naître le Christ dans le sein de la femme la plus vertueuse; on adore la Vierge, on l'implore; elle est la représentation de la vertu, de la bonté; elle inspire l'amour divin, elle élève l'âme jusqu'au ciel. Le marin adore cette Mère des mères et pense à sa mère. Jeunes filles, avant de vous marier, pensez que vous aurez un trône dans l'esprit de vos enfants; tâchez de ne pas vous laisser détrôner. La plus petite faute prend des proportions gigantesques par le mauvais vouloir, par la jalousie et la méchanceté. Que de femmes payent cher une simple apparence de faute! Gardez-vous de la réaliser par rapport à votre conscience; gardez-vous de l'apparence par rapport à la méchanceté.

Dieu a fait naître le Christ pour apprendre aux hommes à souffrir, pour leur apprendre à supporter l'offense et à la pardonner; sa mort est l'enseignement de toutes les vertus. Cette grande figure va de la terre au ciel et fait la communication du riche avec le pauvre. Il était seul pour enseigner aux siècles des siècles; ceux qui parlent de lui doivent en parler avec douceur, tolérance, abnégation, pauvreté, secours, pitié pour tous.

L'église est un lieu de prière. La prière est la communication de l'âme avec son créateur. L'église vous ouvre ses portes, pauvres ou riches; l'influence de la prière doit être dans l'église et dans les temples dédiés à Dieu par toutes les prières qui s'élèvent à lui. Allez à l'église, vous qui n'avez pas le temps d'aller à la messe. La prière est née avec nous comme la circulation du sang. Priez au lit, priez en travaillant, priez aux soins du ménage, priez en n'importe quel moment, mais priez : la prière est un fil électrique qui conduit l'âme près de son créateur. Combien de gens, qui ne peuvent aller à l'église, faute de temps, ne prient pas; c'est une grande erreur, à mon idée.

Notre corps, que Dieu nous a confié pour envelopper notre âme, le jeûne le détruit; la nature s'y oppose et Dieu nous parle par la nature, en joignant à elle notre raisonnement, la prière et la religion de conscience.

La prière donne du courage, de la consolation, de l'espoir; elle appelle Dieu, et Dieu, dans un moment ou dans un autre, répond.

La religion, comme elle est enseignée par les prêtres, ne peut être pratiquée que par le riche; le pauvre, qui suit exactement la volonté des prêtres est sale, et son ménage et ses enfants. Il y en a d'autres qui se font une ressource de grimacer leur religion; ceux-là trahissent Dieu et leur conscience.

Le pauvre doit faire de son mieux. Qu'il n'abandonne pas la pensée divine, qu'il élève son âme vers Dieu, et son âme connaîtra la route du ciel. Voilà ce que je crois : faire son devoir et le présenter tous les jours, c'est monter tous les jours une marche vers le ciel.

Aimer et protéger sa race est un sentiment d'égoïsme; protéger sa race et aussi celle des animaux est un sentiment d'humanité.

————

Je pense que peut-être bien à l'instant de la mort l'âme attend trois jours, subissant l'influence de sa vie qui vient de finir, et entre en nouvelle vie dans le sein d'une femme en état de grossesse, et cette nouvelle mère serait sa récompense ou sa punition.

————

Avant d'arriver à ce ciel promis au juste, n'y a-t-il pas d'autre monde? Car nous ne pouvons pas nier l'imperfection du nôtre. On se méprise les uns les autres; on est content de soi, on est mécontent des autres; les siècles se succèdent et les vices avec; le progrès marche, les hommes sont toujours les mêmes. La cruelle guerre, l'esclavage, le trop riche, le trop pauvre, tout cela n'est pas le règne de l'humanité. Je voudrais que les chevaux pussent entendre dire que nous nous appelons race humaine; ils se feraient une drôle d'idée de l'humanité; ils diraient que ce sont plutôt des diables qui leur représentent l'enfer. Oui, c'est l'enfer pour les chevaux, c'est l'enfer pour les personnes qui souffrent. Sur cent charretiers, il y a dix bons diables, quatre-vingt-dix figures infernales; enfer des chevaux!

En interrogeant nos aspirations naturelles, notre regard, notre pensée, s'élèvent en haut; n'avons-nous pas été jetés sur cette terre qui serait l'enfer, car nous sommes méchants. Des étoiles qui brillent l'une d'elles ne serait-elle pas notre patrie, et à notre mort pourrons-nous y rentrer et retrouver les regrettés? Moi je ne sais pas, mais Dieu le maître le sait, *lui*. Quand nous paraîtrons à son tribunal nous l'apprendrons et peut-être reviendrons-nous ici pour recommencer une autre vie, ou pour être grandement punis, en prenant l'espèce féroce le rat, la souris, l'araignée. Oh!... l'araignée, j'en frissonne; cette peur que nul ne peut expliquer parle à l'imagination. Si ces animaux pouvaient parler, ils nous instruiraient, mais Dieu ne l'a pas voulu; il nous laisse une libre volonté pour nous entendre avec. Notre conscience notre épuration doit venir de nous, je crois. Toutes les prières sont bonnes, car c'est l'imagination qui conduit la pensée vers Dieu. Je crois que l'humanité est un commandement de Dieu, et que l'humanité ne peut être séparée de la religion.

La nature, dans son immense amour de la reproduction, aime celui qui la cultive et semble lui communiquer sa joie à son entrée dans un jardin soigné par lui.

Ce qui me donne l'espoir du ciel, c'est que je pourrai, en rendant compte à Dieu de mon passage sur cette terre, lui soumettre que je n'ai pas fait de mal volontairement et que j'ai fait autant de bien que possible. Si j'avais été riche, j'aurais pu en faire davantage; mon temps n'était pas à moi, et la chaîne du préjugé m'a rivée à ma souche.

Encore un préjugé.

Il faut que le mari soit plus âgé que sa femme. C'est peu logique : le mari doit être le soutien de sa femme. Passe chez les gens riches : les hommes âgés prennent des jeunes femmes; triste sort pour elles! Mais chez l'ouvrier c'est une calamité et une source de misère : la femme jeune a des enfants et l'ouvrier vieux ne peut pas les élever; misère!

———————

Dans mon enfance j'ai été beaucoup trop occupée pour mon âge et mon instruction en a souffert, car je n'allais en classe que deux heures par jour. J'ai été conduite à la réflexion avant l'âge par des souvenirs. Il me semblait avoir vu la Bastille, moi qui suis née en 1798, au mois de décembre. Si j'avais eu du temps j'aurais écrit des choses peut-être curieuses sur ces souvenirs et sur la voix secrète qui m'a inspirée et aussi sur des visions fantasmagoriques; mais les réflexions de toute ma vie ont été principalement sur la destruction de la misère dans ses principales sources. Je me disais : la machine a des rouages qui fonctionnent mal et cette misère qui m'entoure pourrait ne pas exister; mais par quel moyen détruire un pareil fléau? Dieu a sans doute eu pitié de mon désir désintéressé d'y chercher remède, car sans lui comment aurais-je pu avoir l'intelligence que le manque d'instruction et le travail forcé étouffent? comment aurais-je pu vaincre ma timide hardiesse dans ma position obscure? Je me suis persuadée que Dieu me disait : cherche, tu trouveras je t'aiderai. Dieu

m'a aidée car comment aurais-je pu tant écrire : Un
tombereau de papier brûlé plus de cinquante fois,
mon manuscrit de projet d'humanité, et souvent
récrire mon manuscrit de réflexions philosophiques?
Mes pensées ont germé. Merci, mon Dieu si j'avais
eu plus d'instruction, peut-être aurais-je moins écrit.
Souvent l'instruction fait chercher la phrase; moi je
ne m'arrête pas : ma plume court comme ma pensée,
et l'une et l'autre s'obéissent mutuellement. Tout est
donc pour le mieux, ne pouvant être autrement. Dieu
m'a inspiré des idées neuves; Dieu les protégera : c'est
mon espoir, c'est ma croyance. Je lui demande la
grâce de voir créer un ministère d'humanité, et alors
toutes les questions, toutes les difficultés pour
résoudre le problème de la destruction de la misère
viendront s'aplanir à ce ministère.

Encore un préjugé.

Le préjugé de la politesse et du point d'honneur.
C'est à mon avis un préjugé bien ridicule : pour un
mot blessant il faut se battre, comme si on ne pouvait
pas s'entendre et obtenir d'autre réparation, soit par
un tribunal spécial et condamnation à l'amende au
profit des pauvres. Le sang ne lave pas, mais il salit
et fait le désespoir des familles. Qu'est-ce que cela
prouve quand on s'est battu? Souvent celui qui a
raison est la victime; l'insolent a toujours l'instinct
de sa force. Pour moi j'aimerais mieux être tuée que
de tuer personne. Les siècles marchent avec ce préjugé; personne n'ose y toucher, parce qu'il satisfait
l'orgueil. Dans toutes les questions, je me représente
toujours le gouvernement devant représenter les

familles et usant du droit et de l'autorité du patriarche; si le gouvernement privait un duelliste des honneurs et des places dont il dispose, l'ambition prendrait la place de la fanfaronnade.

De la Politesse.

Vous êtes par le préjugé de l'habitude obligé de retirer votre chapeau; un homme rencontre une dame ou un supérieur, il faut se mettre nu-tête, sans faire la part de la température, ni si l'individu a chaud, ni de la maladie qui peut s'ensuivre. La maladie des cheveux prouve que cette habitude est contre nature, les hommes sont chauves tout jeunes : le chaud et le froid sur leurs cheveux. Il y a bien peu de femmes chauves; celles qui le sont, c'est qu'elles serrent trop leurs cheveux et par cette raison fatiguent la racine. Pourquoi la mode si changeante ne change-t-elle pas cette horrible mode et si peu hygiénique. Un petit chapeau bas de forme, soit de velours, soit de cuir, avec mentonnière, afin d'éviter de retirer son chapeau. Les femmes ne se décoiffent jamais; comment comprendre que les hommes aussi bien que les femmes, qui ont si peur des courants d'air, subissent sans chercher à s'en affranchir une mode contre le bon sens? Les cheveux des hommes ont déjà bien assez à souffrir d'être toujours coupés. Les cheveux sont comme le niveau d'eau : ils veulent toujours arriver à la grandeur de leur nature particulière; ils sont toujours en travail, la racine se fatigue et puis il n'y en a plus.

Spectacles gratis.

Si l'on veut que le peuple jouisse du spectacle gratis, on pourrait délivrer dans toutes les mairies des cartes d'entrée de tous les théâtres, mêlées dans une grande boîte. La police ne laisserait entrer que par deux et le tirage au sort se ferait à la même heure dans toutes les mairies. Le nombre des billets aurait été envoyé par chaque théâtre deux heures avant l'entrée aux mairies, et le nombre des personnes sortant devrait se rapporter aux billets apportés, petite réserve faite aux employés. Par ce moyen on éviterait bien des maladies à ces pauvres curieux.

Conseils aux jeunes femmes.

Vous qui faites votre ménage, voulez-vous connaître la base de la propreté du ménage? Commencez par balayer votre chambre et passez-y le torchon avant de faire votre lit, et ne faites pas votre lit à l'anglaise... Ne pas défaire son lit entièrement est malsain, malpropre. Lorsque votre chambre est balayée, vos roulettes rouleront sans jamais se salir. Donnez deux airs à votre chambre; les deux airs ne sont dangereux que quand on a chaud et qu'on se repose, mais dans l'activité il n'y a aucun danger de mal. Balayez bien votre cuisine avant de laver votre vaisselle, parce que s'il tombe un peu d'eau, la poussière fait de la boue; passez votre vaisselle dans un peu d'eau froide pour en faire sortir le plus gros, lavez vos mains afin que, les mettant dans l'eau chaude, le sale n'entre pas dans la peau. Ayez sur un feu doux une marmite et lavez votre vaisselle, la terrine sur le feu, afin que l'eau soit chaude jusqu'à la fin. Cette manière est la plus propre, la plus expéditive et la plus économique. Ne perdez rien des épluchures pouvant nourrir les animaux; faites toujours de la cuisine en petite quantité, le dernier morceau est aussi cher que le premier. Faites de la soupe avec vos eaux de légumes, la soupe dispose l'estomac à une autre nourriture et elle est économique.

Le luxe.

Les uns disent il est utile, les autres disent il est ruineux; l'un et l'autre ont raison. Le luxe! Mais sans le luxe comment occuper cette masse d'ouvriers venus dans les villes pour faire encombrement et souffrir de leur misère, de l'encombrement et de la concurrence? Le luxe est utile pour représenter honorablement le pays, soutenir les arts et protéger le commerce, mais les extrêmes se touchent. L'excès du luxe c'est la misère, c'est la démoralisation. Il faut du luxe, mais pas trop n'en faut; l'excès en tout est vice. Il faut changer les modes, mais pas trop brusquement, car une industrie tombée c'est la misère de milliers d'ouvriers. Le malheur, c'est qu'il y a trop d'ouvriers; et pourquoi y a-t-il trop d'ouvriers? C'est la conscription qui en est cause : elle arrache le cultivateur aux travaux des champs; quand leur temps est fini, pour le plus grand nombre, ils viennent traîner leur misère dans les villes, ils se marient, et ils font des ouvriers de leurs enfants. S'ils étaient restés dans leur pays, ils auraient fait des cultivateurs, ce qui est la richesse première d'un pays. Pourquoi le gouvernement ne forme-t-il pas une armée de soldats volontaires aux mêmes conditions que les employés de ministère, à la différence de renouveler tous les 2, 4, 6 ou 8 ans l'engagement et au bout de 30 ans de service, une pension comme dans tout autre emploi du gouvernement. L'état de soldat serait un état comme un autre : c'est le gouvernement qui doit être le représentant de la famille, le responsable du bonheur public; il doit réprimer l'excès du luxe et ne pas l'encourager.

Le gouvernement doit tenir tous les rouages de la machine, puisqu'il en est responsable.

Projets intéressant tout le monde.

Je n'ai pas peur de la mort; confiante en Dieu et en ses lois divines, je fais de mon mieux et attends avec calme; ce qui me torture de peur pour moi comme pour les autres, c'est la crainte d'être enterrée vivante. La léthargie est une maladie que personne ne peut nier; elle existe et elle est plus effrayante que le choléra. Je ne vois personne s'en occuper; cependant encore assez souvent on a des preuves de son infernale apparition: elle vient, je crois, comme épidémie, comme la grippe, le choléra et autres; on éviterait ce fléau en n'enterrant pas aussi promptement que l'on a l'habitude de le faire. Je voudrais qu'il existât une chapelle particulière dans chaque église ou temple, bâtie à cet effet de garder les cercueils ouverts pendant plusieurs jours, à moins de décomposition. Il devrait être inscrit sur le cercueil le nom et l'adresse du mort, son jour de décès, et au bout de 8 jours l'enterrement aurait lieu comme à l'ordinaire.

Autre moyen à employer. Procédé avant l'enterrement.

Exposez l'extrémité de l'orteil à la flamme d'une bougie, maintenez-la pendant quelques secondes à un demi-centimètre de la peau ; le soulèvement de l'épiderme ne se fait pas attendre et quand l'extension est arrivée à son maximum il éclate souvent avec un petit bruit qui quelquefois est assez fort pour éteindre la flamme. La production de la vapeur est, encore une fois, purement cadavérique, et dès qu'on l'a obtenue, on peut ordonner l'inhumation. (Conseil de M. Martinez, de Cordoue, médecin-major).

Le bourru bienfaisant.

Voilà un caractère que tout le monde admire, entendons-nous en paroles. Le bourru bienfaisant jure, tempête, bourre tout le monde, dit tout ce qu'il pense et même ce qu'il ne pense pas. Après l'insulte, il doit payer en argent la patience de ceux qui ont subi sa brusquerie, soit pour en tirer bénéfice, soit par lâcheté, soit par nécessité. N'allez pas répondre un mot désagréable à ce bourru ; il ne vous le pardonnera jamais : il veut dire tout ce qui lui plaît, mais il ne veut pas de répliques. Pour moi, je n'aime pas ce caractère : il est impossible de dire tout ce que l'on pense sans être très impertinent, car notre espèce a tant de ridicules ! On les reconnaît aussi bien aux autres que les autres les reconnaissent en nous ; il est doue plus sage de subir les caractères que de chercher à les changer : le monde est toujours le monde, à telle époque qu'on le prenne, bien que l'éducation polisse. Je n'aime pas les fourbes, mais entre fourbe et malhonnête il y a un juste milieu; on n'est pas fourbe pour se taire : la franchise, c'est de répondre à une question directe, selon sa pensée. En toutes circonstances j'aime mieux une personne polie sans chercher sa pensée, qu'un butor qui n'a d'autre but que de vous insulter, fier de son beau caractère.

L'esprit.

L'esprit comme le soleil a ses rayons. Celui qui en reçoit en venant au monde est doté de Dieu, mais si sa position l'empêche de prendre son essor; cet esprit le tourmente, il comprend ce qu'il vaut, le sort lui paraît injuste; plus qu'un autre la mauvaise influence peut le perdre. Si la misère l'opprime, son esprit le rend encore plus malheureux et peut le perdre et le rendre dangereux; s'il manque d'instruction, alors son esprit reste timide, craintif. Je juge par moi : si j'avais été riche, j'aurais posé mon cachet sur mon passage en cette vie par le bien que j'aurais pu faire. Le riche est le seul qui puisse jouir de l'esprit avec avantage, quand il en reçoit en naissant, mais le plus souvent l'orgueil, l'infâme orgueil, s'empare de lui; au lieu de remercier Dieu de tous ses dons, il croit qu'ils lui sont dus, car avec de l'esprit il faut du jugement; mais le jugement est rare, l'esprit fausse quelquefois, le jugement jamais.

J'ai peur des morts parce que je ne sais pas si je

crois à la mort. La vie ne peut pas être perdue, et puis
la transformation. Si la critique me fait l'honneur de
me lancer des dards et s'ils m'atteignent, cela sera
bien fait, c'est qu'ils auront touché l'orgueil. Il me
semble cependant l'avoir blessé en adressant tant de
fois mes manuscrits. Je suis née sans fortune, ce n'est
pas ma faute; je n'ai pas eu d'instruction, ce n'est
pas ma faute. Oui, j'éprouve de la fierté à me dire :
Dieu m'a donné une mission; j'ai répondu à son
commandement, j'ai propagé mes idées; pas autant
que j'aurais voulu, mais le plus possible j'ai cherché
à amener sur ce terrain où il y a de l'ouvrage pour
tout le monde. Ne regardez pas l'orthographe, mais
prenez mes idées; je les donne comme Dieu me les
a données. Oui il m'a fallu du courage, et pour mon
peu de temps et pour le manque d'instruction,
vaincre le ridicule; pour cela il faut mettre l'orgueil
sous ses pieds et faire abnégation de tout préjugé.
J'ai propagé mes écrits, cherchant à inoculer mes
idées, car quand on a lu mes projets d'humanité, il
en reste toujours quelque chose. Une personne m'a
dit : « Ce que vous avez écrit est miracle; où avez-vous
été chercher tout ce que vous avez écrit? Mais c'est
vous qui l'avez écrit, et vous ne pourrez le faire
accepter. » Je n'en ai été ni humiliée, ni découragée,
je suis dans une position obscure, puisque je suis
simplement ouvreuse de loges à l'Opéra, mais c'est
cette place qui m'a rapprochée des riches, m'a fait
connaître les deux extrêmes et m'a inspiré l'idée
de chercher remède à la misère. Merci à vous, monsieur le duc de Larochefoucauld-Doudeauville, qui
m'avez donné cette place, merci à vous. Mon Dieu!
bénissez, s'il vous plaît, cette bonne famille; bénissez

aussi, s'il vous plaît, ceux qui l'ont aidé dans cette bonne œuvre.

Le ministère d'humanité tant demandé dans mon manuscrit de projets d'humanité, ministère représentant tous les intérêts, ministère organisateur de la charité, ce ministère devrait remplacer le ministère des cultes, et chaque culte devrait être représenté et géré par son chef.

Tableau de guerre, tableau d'enfer.

Je crois en Dieu, le maître créateur de tout et résidant dans tout. Je crois à l'appel de la prière, par n'importe quelle religion, priez. Dieu n'a pas eu besoin de notre orgueilleux petit moi pour expliquer sa volonté ni pour le défendre. Priez, la prière est une petite partie de divinité qui nous met en rapport avec Dieu. Elle nous fait comprendre sa grandeur; chacun l'explique avec ses impressions religieuses; n'importe! Dieu comprend le langage de l'âme, la prière. L'influence de la prière, résidant dans les églises, dans les temples de n'importe quelle croyance doit rendre l'asile de la prière sacré, respecté, adoré. L'influence conduit le monde, l'influence de la prière conduit au ciel.

Le magnétisme.

Nous en sommes à l'*a*, *b*, *c*, *d*. Peut-être plus tard le magnétisme sera une grande science; elle est natu-

relle. Je crois que les animaux la comprennent. Pour
chercher, il faut croire à l'âme des animaux, et les
animaux sont si dédaignés! Qui voudra chercher? Les
animaux doivent nous craindre s'ils ont la double
vue, car ils doivent nous voir bien méchants. Je crois
que Dieu n'a pas oublié en formant sa créature le
sens divin qui doit communiquer avec lui. On veut
abolir la peine de mort; on dit : Nous n'avons pas le
droit de détruire notre semblable; abolissez donc la
guerre, l'affreuse guerre qui tue, qui brûle, assassine,
vole, ruine. Les gouvernants ont une grande responsabilité devant Dieu. Diplomates, abolissez à jamais la
guerre, et puis alors vous aurez le progrès, la paix,
le règne de la raison; la guerre, c'est la sauvagerie,
la barbarie; tout homme soldat, c'est la ruine de la
France. Les arts, le commerce doivent en souffrir. De
vingt et un ans à vingt-six ans, tous les jeunes gens
interrompent leur carrière, leur état est perdu, l'agriculture négligée; pauvre progrès!

Je crois que tous les jours le soleil passe la revue de
notre monde et que la bénédiction du ciel est l'essence de divinité qu'il répand sur notre monde.
Cette essence donne la vie à tout par le souffle qui
vivifie la nature.

.˙.

« Depuis 1832, que ces premières lignes ont été écrites, bien des réformes ont été accomplies ; que ce soit dû aux pensées contenues dans ces projets ou à la similitude d'idées, là n'est pas la question ; ce travail n'ayant été fait ni par intérêt, ni par vanité, simplement dicté par le cœur. Mais je ne voudrais pas que l'on puisse dire aujourd'hui : « Ah ! il y a longtemps que tout cela existe. » Je me reprocherais de laisser peser cette suspicion sur la mémoire de ma mère qui était la loyauté même et incapable de la plus légère supercherie. C'est pourquoi parmi de nombreuses lettres de personnages auxquels elle avait adressé ses projets j'en ai choisi quelques-unes ; elles prouvent à quelles époques, une à une, toutes ces idées ont germé dans son esprit, et elles montrent aussi l'estime et l'encouragement que toutes ces personnes ont bien voulu lui témoigner. »

R. THIERRÉ.

Paris, le 8 janvier 1838.

Madame, j'ai lu avec un véritable intérêt le mémoire que vous m'avez communiqué, partageant de tout cœur le sentiment généreux qui vous anime. Vous reconnaissez vous-même que quelques-unes de vos idées ont été en parties appliquées, et je citerai la caisse de retraites pour la vieillesse, la caisse de la dotation de l'armée, l'hospice des invalides civils, la transportation au-delà des mers des condamnés aux travaux forcés, etc. Sans doute il y a beaucoup à faire, et personne plus que moi n'en convient; mais je n'ai pas le pouvoir en main; et je ne peux que contribuer en ce qui me concerne, à soulager, bien des peines, à essuyer bien des larmes. Ma bourse ne peut malheureusement suffire à tout ce que l'on me demande, et pourtant je donne au-delà du possible.

La société protectrice des animaux, dont je fais partie, poursuit avec persévérance le but que vous signalez dans votre mémoire, et qui à mes yeux, est d'une très grande importance : celui d'adoucir les mœurs.

Vivement touché de votre appréciation, Madame, je vous renvoie votre travail, en vous offrant avec mes remerciements, l'expression de mes sentiments empressés.

LA ROCHEFOUCAULD, DUC DE DOUDEAUVILLE.

Dans quelques-unes de vos propositions, vous semblez oublier les devoirs du père de famille, et qu'il n'est pas permis de se dépouiller.

———————

Rennes, 15 août 1868.

Madame,

Quoique j'aie été fortement tenté de me mettre au nombre des dépositaires infidèles, et de conserver le manuscrit que vous avez bien voulu m'adresser, je vous le renvoie après l'avoir lu en entier, et y avoir recueilli les impressions les meilleures.

Vous avez, Madame, un esprit observateur, éclairé et inspiré par un cœur chaud, compatissant aux maux sans nombre qu'endurent dans toute société les petits et les faibles. Autrefois de tels maux étaient presque sans remède parce que toute société prétendait s'établir sur des lois immuables; aujourd'hui le progrès a déjà accompli bien des réformes et permet d'en espérer encore. Vous même, Madame, depuis le jour où vous avez commencé à observer la maladie sociale sous ses diverses faces, et à en chercher le remède, vous avez vu disparaître quelques-uns des abus que vous signaliez avec le plus d'énergie. Voir se réaliser ainsi ce que vous appeliez de vos vœux les plus ardents, n'a pas dû être une des moindres récompenses de votre patriotisme.

Dans un temps où le bien-être n'a fait que donner de nouvelles forces au matérialisme, on aime à rencontrer des âmes qui trouvent encore leurs plus douces joies, même le repos à leurs épreuves, dans les hautes sphères de la pensée; surtout lorsque cette âme est une âme de femme et une âme de mère.

C'est à ce double titre que je m'applaudis, Madame, de l'heureuse circonstance qui m'a permis de vous connaître; et c'est avec les sentiments de la plus respectueuse considération que j'ai l'honneur d'être votre très humble et très obéissant serviteur.

NADAULT DE BUFFON.

————

30 juillet 1859.

Madame,

Le général Fleury me charge de vous adresser le manuscrit ci-joint qui vous appartient. Il l'a lu avec beaucoup d'intérêt et vous fait ses très sincères compliments sur vos travaux et sur l'excellente intention qui vous a guidée.

Il regrette de n'être pas en mesure de mettre votre manuscrit sous les yeux de l'Empereur : il faudrait qu'il passât par les mains de S. E. le Ministre d'État. Le général vous engage à le lui adresser.

Recevez, Madame, l'assurance de ma parfaite considération.

CAPITAINE BARON DE VERDIAN,
aide de camp du général Fleury.

————

M. de Heckren a l'honneur de renvoyer à Madame Thierré les notes qu'elle a bien voulu lui communiquer. Il en a fait usage auprès de la commission d'assistance qui en a pris connaissance avec beaucoup d'intérêt.

Ce dimanche 10 novembre.

————

Madame,

M. Jules Simon, étant en ce moment presque toujours absent de Paris, ne peut avoir l'honneur de vous répondre.

Il est bien à craindre que surchargé de besogne comme il l'est, il ne puisse donner le temps nécessaire à l'étude de vos intéressants travaux. Soyez cependant certaine que si vous lui écrivez, il ne manquera pas de vous répondre aussitôt après la période électorale.

Agréez, Madame, mes salutations respectueuses.

Madame,

J'ai passé une partie de ma nuit à lire, avec tout l'intérêt qu'il mérite, votre remarquable manuscrit. Ce qu'il contient sur les enfants, les maisons de refuge, le projet d'un ministère consacré à l'humanité, me paraît très bien, mais ce que je préfère, c'est votre observation très juste sur les malheurs causés par le tort si commun de ne pas payer les ouvriers contre la livraison. Souvent de la part des débiteurs, il n'y a pas de mauvaise volonté, ce n'est que de la négligence, mais que de ruines elle occasionne. En résumé, vos idées dénotent un bon cœur et je serais heureux d'être en position d'en faire adopter beaucoup. Mais si vous avez remarqué, jadis, mes relations avec les personnes dont vous me parlez avec éloge, vous avez pu voir qu'aujourd'hui je ne puis plus leur être utile, que je suis dans un éloignement absolu; j'en ai quelquefois du regret, parce qu'on s'adresse à moi, comme vous dans ce moment, et que je ne puis rendre les services que l'on me demande. Je serais ravi, pour vos idées, qu'il en fût autrement; agréez avec cette assurance celle de mes meilleurs sentiments.

VATRY.

Vendredi 9.

Paris, le 23 juin 1870.

Madame,

Le projet dont vous avez entretenu M. le Garde des Sceaux dans votre lettre du 26 avril se recommande à sa sollicitude.

Il vous félicite, Madame, de vous livrer à d'utiles travaux et il recevrait avec intérêt le développement du programme que vous lui exposez.

Veuillez agréer, Madame, l'expression de es civil distinguées.

TABLE DES MATIÈRES

Coulommiers. — Imp. Paul BRODARD. — 1015-1900.

COULOMMIERS. — IMP. PAUL BRODARD.

www.ingramcontent.com/pod-product-compliance
Lightning Source LLC
Chambersburg PA
CBHW070622100426
42744CB00006B/584